o retorno de saturno

o
retorno
de saturno
caggie dunlop

o despertar cósmico

para conquistar a oportunidade

da sua vida

Tradução
Carolina Simmer

1ª edição

Rio de Janeiro | 2023

TÍTULO ORIGINAL
Saturns Returns: Your Cosmic Coming of Age

TRADUÇÃO
Carolina Summer

DESIGN DE CAPA
Renan Araújo

CIP-BRASIL. CATALOGAÇÃO NA PUBLICAÇÃO
SINDICATO NACIONAL DOS EDITORES DE LIVROS, RJ

D939r   Dunlop, Caggie
    O retorno de Saturno : o despertar cósmico para conquistar a oportunidade da sua vida / Caggie Dunlop ; tradução Carolina Simmer. - 1. ed. - Rio de Janeiro : BestSeller, 2023.

Tradução de: Saturn returns : your cosmic coming of age
ISBN 978-65-5712-259-4

1. Astrologia. 2. Saturno (Planeta). I. Simmer, Carolina. II. Título.

23-82396   CDD: 133.53
                                        CDU: 133.522.3

Meri Gleice Rodrigues de Souza - Bibliotecária - CRB-7/6439

Texto revisado segundo o novo Acordo Ortográfico da Língua Portuguesa.

Copyright © 2023 by Saturn Returns Media Ltd
Todos os direitos reservados.
Edição originalmente publicada na Grã-Bretanha em 2023 por Orion Spring, um selo de The Orion Publishing Group Ltd.
Os direitos morais da autora Catherine Dunlop foram assegurados.

Copyright da tradução © 2023 by Editora Best Seller Ltda.
Todos os direitos reservados. Proibida a reprodução,
no todo ou em parte, sem autorização prévia por escrito da editora,
sejam quais forem os meios empregados.

Direitos exclusivos de publicação em língua portuguesa para o Brasil
adquiridos pela
Editora Best Seller Ltda.
Rua Argentina, 171, parte, São Cristóvão
Rio de Janeiro, RJ — 20921-380
que se reserva a propriedade literária desta tradução.

Impresso no Brasil

ISBN 978-65-5712-259-4

Seja um leitor preferencial Record.
Cadastre-se e receba informações sobre nossos lançamentos e nossas promoções.

Atendimento e venda direta ao leitor:
sac@record.com.br

Para o leitor, espero que este livro tenha lhe encontrado no momento em que você mais precisava dele.

Sumário

Introdução	9

Parte 1: Por que astrologia?

O que é astrologia?	26
Seu mapa astral e como interpretá-lo	30
O retorno de Saturno e seus efeitos	40
Momentos e idades importantes marcados por Saturno	59

Parte 2: A morte do ego e o vazio fértil

Trajetórias de carreira e propósito	84
Mudança e desapego	96
As coisas dão errado (para que coisas melhores deem certo)	99
Fundos do poço e despertares espirituais	103
Guias espirituais	112
O que deixa você feliz?	118
Disciplina contra perfeccionismo	121

Sucesso e fracasso	126
Felicidade	139

Parte 3: Questões do coração

O primeiro amor	150
O culpado e a vítima	154
Confie na sua intuição	159
Como curar um coração partido	165
O triunfo do amor platônico	179

Parte 4: Autoestima e autodomínio

A descoberta do amor-próprio	197
Limites	200
Autonomia	204
Autoridade	207
Curiosidade sóbria	216
Como desaprender crenças limitantes	222
A crise de um quarto de vida	228
A cura do relacionamento com o corpo	231
Cuide do seu estado emocional	236
Sabedoria na escuridão	242
Volte para si mesmo	249

Agradecimentos	255

Introdução

Já ouvi falar que, na escola da vida, os vinte anos são como um simulado, e o retorno de Saturno é a primeira prova de verdade. Quando o meu chegou, parecia que eu não tinha estudado nada.

Independentemente de você acreditar em astrologia ou entender do assunto, tenho certeza de que conhece todos os sintomas que acompanham a grande transição que enfrentamos quando nos aproximamos dos trinta anos. Uma sensação de incerteza, confusão e dúvida em relação ao nosso propósito na vida.

Para aqueles que nunca ouviram falar do que é o retorno de Saturno, vou fazer as devidas apresentações. O retorno de Saturno é um ponto-chave da astrologia referente ao calendário da vida e costuma ser descrito como a fase em que amadurecemos para valer. Ele acontece quando o planeta Saturno retorna para o signo do zodíaco, grau e casa exatos onde estava no momento em que você nasceu. Esse ciclo dura entre 27 e 29 anos e meio, e Saturno transita por todos os signos pelo período de dois anos e meio. Portanto, é provável que você passe pelo seu retorno entre as idades de 27 e 31 anos.

O período em que saímos dos vinte e entramos nos trinta é um momento transicional importante, que pode trazer à tona muitos pensamentos e sentimentos, nos levando a reexaminar a vida até então. Quando passei por isso, tive que me esforçar para captar algum significado no meio da loucura. Hoje entendo que aquele foi um empurrãozinho revolucionário e essencial do universo para o meu amadurecimento — o importantíssimo retorno de Saturno.

Mas como saber se você está passando pelo seu retorno de Saturno?

- Você está quase completando trinta anos.

- De repente, você passou a pensar em questões existenciais sobre sua vida e a direção em que ela está seguindo.

- Você superou e se distanciou de pessoas e amigos.

- Você não se interessa mais pelas coisas nas quais tinha interesse aos vinte anos.

- Você tem vontade de mudar tudo.

INTRODUÇÃO

- Você sente que só está levando tapas na cara e que todas as lições difíceis da vida estão chegando ao mesmo tempo.

Como Saturno é muito associado a estrutura, disciplina e carma, pode ter certeza de que esse acontecimento cósmico não passa despercebido. Do seu jeitinho especial, ele ensina a todos as lições de que precisamos para alcançar a versão mais poderosa e autêntica de nós mesmos na vida, como se fosse um curso intensivo sobre desenvolvimento pessoal oferecido pelo universo. (Isto é, até sua próxima visita e novas iniciações durante o segundo retorno de Saturno, aos 59 anos, quando as pessoas tendem a olhar para trás e pensar na sua jornada até ali, reavaliando o que já aconteceu e pensando em construir um legado.)

É provável que confusão e dúvidas permeiem o processo, e eu conheço muito bem esses sentimentos. Com este livro, espero ajudar a aliviar parte dessa ansiedade e ajudar você a ter a confiança de que está no caminho certo — a mostrar que o seu retorno de Saturno está trabalhando a seu favor, e não contra você.

Essa também era minha maior motivação quando lancei meu podcast, com o mesmo nome deste livro em inglês, *Saturn Returns*, em março de 2020. O podcast me deu a oportunidade de conversar com diversos especialistas, escritores, estudiosos da espiritualidade e líderes incríveis, que nos ajudaram a entender algumas das principais questões que encaramos durante o retorno de Saturno. Os episódios ofereceram recursos para conseguirmos atravessar essa fase complicada. Falamos sobre carreira, relacionamentos, dinheiro, vulnerabilidade, espiritualidade, cura e muito mais. Reuni tudo isso, junto com minhas próprias experiências e descobertas, neste meu primeiro livro, como um presente para você e para a minha versão mais jovem, que sei que gostaria de ter recebido estes ensinamentos.

Seja bem-vindo à sua iniciação final na vida adulta. Aperte o cinto, prepare-se e lembre-se de que Saturno não quer castigar você, apenas transmitir uma mensagem: nós colhemos aquilo que plantamos. Xiii. Por 27 anos, eu não plantei nada.

Agora que o retorno de Saturno passou, vejo que mudei muito. Eu cresci e, ao mesmo tempo, aprendi a me aceitar. Acho que foi uma jornada de descobertas e redescobertas. Ainda não resolvi todas as minhas questões, mas com certeza me sinto mais segura a respeito de quem eu sou e o que quero. Espero que, ao compartilhar a jornada do meu retorno de Saturno, eu possa ajudar você a compreender o seu caminho com maior objetividade.

INTRODUÇÃO

Não posso lhe dizer quais passos dar. Meu objetivo é apenas lembrar que você já sabe o que fazer. Incluí algumas práticas e exercícios que achei úteis, alguns esotéricos, outros de ordem mais prática, e histórias de pessoas que me pareceram inspiradoras. Algumas podem fazer sentido para você, outras não. Só quero que você saiba que existe uma infinidade de conhecimento e maneiras de agir além das tradicionais. Quero que você dance ao som da música que é só sua e não tenha vergonha de fazer isso enquanto lhe mostro como assumir o controle de todas as esferas da sua vida. A reescrever a história se você não estiver gostando dela.

Os anos que antecederam o meu retorno de Saturno foram maravilhosos e terríveis, cheios de decepções, erros, cidades e vidas diferentes. Eles foram intensos e instáveis. Correndo na velocidade máxima sem seguir um destino específico, mudei várias vezes de país, tentando me reinventar ou me descobrir. Hoje, quando olho para trás, fico me perguntando se só estava tentando fugir da minha sombra, sem sucesso. Eu desistia e mudava de carreira, de namorado, de amigos — e, nesse processo, fracassava, tropeçava e caía. Isso começou a parecer um padrão infinito na minha vida.

O início dos meus vinte anos foi uma fase de excessos; o começo de qualquer década nova carrega o doce aroma das novidades. Meu caso foi um pouco diferente, no sentido de que os primeiros três anos se passaram em um *reality show*, mas, quanto aos assuntos que vou discutir neste livro, eu me parecia com qualquer pessoa da minha idade, mesmo que algumas questões talvez se tornassem um pouco mais acentuadas em certos momentos.

Acredito que a fase dos vinte seja uma sequência necessária de eventos e experiências complicadas que nos oferecem o conhecimento e as ferramentas necessárias para entendermos quem somos na vida adulta. Às vezes só conseguimos descobrir isso depois de compreender quem não somos. Aos trinta anos, após uma década de autoconhecimento, a sensação, de certa forma, é de estar recomeçando do zero.

Nós estamos o tempo todo nos distanciando de pessoas, lugares e coisas; a vida se transforma constantemente. Esse processo inevitável pode ser intimidante. Tentar fugir das mudanças, no entanto, é como nadar contra a maré — no fim das contas, a correnteza vai puxar você. Espero que minha história o ajude a se sentir menos sozinho. A compreensão do seu retorno de Saturno também pode oferecer ferramentas e novas percepções para que você consiga encarar a vida de um jeito diferente, como aconteceu comigo. Escrevo sobre as minhas dificuldades e experiências ao longo do processo da forma mais verdadeira possível, o que pode fazer sentido para alguns leitores, mas deixo explícito que essas situações estavam atreladas ao meu mapa. O ideal é que você analise o seu.

Quando me mudei para Los Angeles, aos 27 anos, algo em mim se transformou. Os comportamentos e mecanismos

INTRODUÇÃO

de defesa que tinham me servido ao longo da última década estavam perdendo a eficácia. Eu me sentia forçada a encarar um novo momento da vida e a olhar para mim mesma sem reservas. E não gostei disso. Os ciclos que eu repetia, ou, para ser mais exata, os erros que cometia estavam começando a pesar, e as consequências pareciam cada vez mais sérias. O charme e a ingenuidade da juventude a que eu sempre recorria deixaram de funcionar — eu sabia que devia fazer as coisas de outro jeito, mas por que não estava fazendo as coisas de outro jeito? Parecia que um professor perverso gritava comigo enquanto batia uma régua nas minhas mãos — um professor que eu logo descobriria ser Saturno.

Durante boa parte do tempo eu me sentia um fracasso. Eu me comparava com amigos que pareciam ter a vida inteira bem resolvida. Era como se todo mundo tivesse recebido o "Manual da Vida", e o meu tivesse se extraviado no correio. Embarquei nos capítulos finais dos meus vinte anos colocando tanta pressão sobre mim mesma — em relação a questões emocionais, sociais, românticas — que eu parecia carregar o peso do mundo nas costas, com muito a fazer e tempo de menos disponível. Tempo que estava acabando.

Passei esses anos vivendo com uma mentalidade vitimista de "e se?": "E se eu tivesse feito as coisas de um modo diferente?"; "E se eu tivesse seguido outro caminho?". É um raciocínio que pode se tornar paralisante — sem conseguir seguir em frente, só olhando para trás. No entanto, depois que você passa pelo retorno de Saturno, ele oferece a perspectiva de dizer: "Que bom que as coisas aconteceram assim."

Por pior que pareça quando acontece, acredito que esse processo de iniciação durante o retorno de Saturno tenha a ver com cortar da sua vida aquilo que não é para você. Ele vai oferecer obstáculos para reunirmos forças, nos preparando para a próxima etapa. Vai nos aliviar do peso daquilo que não precisa mais ser carregado e revela as metas que estamos aqui para cumprir, alinhadas com nossos valores inerentes. A parte difícil é confiar no processo.

Assim que começamos a abandonar a mentalidade vitimista, passamos a assumir o controle da nossa vida, em vez de sentir que estamos à mercê dela. Enxergamos nosso papel em tudo, as situações em que fomos irresponsáveis e os pontos com os quais precisamos nos comprometer. A expectativa da sociedade é que devemos ter tudo resolvido quando chegamos aos trinta. Pelo menos essa foi a mensagem que eu recebi ao longo da vida.

Meus vinte anos foram divertidos, mas passei tanto tempo vivendo de acordo com a vontade de outras pessoas que não prestei muita atenção no que eu realmente queria. E estar a altura das expectativas dos outros estava se tornando bem cansativo. Parecia que eu tinha passado a vida inteira tentando ser alguém diferente para conseguir me encaixar, buscando aprovação para me sentir amada e aceita, mas nunca atingia a satisfação verdadeira. Depois de cansar da

INTRODUÇÃO

farsa e de tentar agradar todo mundo, decidi fazer algo que parecia quase revolucionário. Decidi ser eu mesma. Só que, depois de mais de uma década de fingimento, eu não sabia muito bem quem era essa pessoa.

Eu tinha perdido o rumo, e também a segurança. Nessa época, me isolei bastante. Olhando um retrospecto, talvez o isolamento tenha sido necessário. Foi um autoexílio, porque eu não sabia como preservar meus valores e minha integridade e continuar desenvolvendo minha individualidade ao redor de outras pessoas. Eu não sabia dizer "não" e preferia fazer o que os outros queriam a arriscar que eles se sentissem desconfortáveis ou decepcionados comigo de alguma forma. A bebida ocupava uma parte imensa desse processo, e eu trato do tema sobriedade neste livro (na página 216). Mas desaprender a crença do "ser quem for necessário para conseguir me encaixar" era difícil. Eu tinha me acostumado tanto a me transformar que permanecer parada e apegada a uma versão de mim se mostrava insuportável em certos momentos. Eu era uma camaleoa profissional, e essa era a minha maneira de sobreviver.

Com esse desconforto e inquietude, comecei a desmantelar os condicionamentos que havia construído ao longo da vida. Passei a explorar aspectos de mim mesma que eu havia afastado ou negado, me libertando de mecanismos de defesa nocivos e revelando tudo que estava por trás deles. Aprendi uma qualidade nova e muito própria de Saturno: disciplina. Algo

O RETORNO DE SATURNO

quase tão estranho para mim quanto o conceito de responsabilidade. Eu me despedi do meu antigo modo de viver — e de tudo que o acompanhava — para começar a estabelecer e cultivar meus próprios valores.

O retorno de Saturno causa uma sensação parecida com a de tirar as rodinhas da bicicleta: você cambaleia no começo, mas depois retoma o equilíbrio. Naquela época, as pessoas começaram a aparecer na minha vida de um modo aleatório e inesperado. Eu me conectava com pessoas fora do meu círculo social que, casualmente, abriam meus olhos para explorar o mundo de um jeito diferente, me apresentando a mestres e práticas de que eu nunca tinha ouvido falar. Práticas que acabariam me ajudando a me reencontrar.

Quando eu morava em Los Angeles, vivi mudanças e transições significativas. Lembro que alguém me falou que eu estava passando pelo meu retorno de Saturno, mas, apesar de achar que sempre tinha sido uma pessoa espiritualizada, eu não entendia muito de astrologia. Não estava preparada para o que viria, e foi exatamente por isso que comecei o podcast *Saturn Returns* e escrevi este livro. Só quando parei para olhar para trás me dei conta de que era exatamente o que estava acontecendo. Quem dera eu soubesse disso naquela época.

Assim como a religião é capaz de oferecer uma base e proporcionar conforto, a astrologia fez isso por mim. Talvez

INTRODUÇÃO

exista uma lógica no caos. Um sentido na loucura. Aprendi a ter mais controle sobre a minha vida e a manter os dois pés no chão ao longo dessa travessia espiritual. Aprendi a confiar no desdobramento dos acontecimentos, com sede e curiosidade crescentes para descobrir e compartilhar mais. Com uma ajudinha dos guias espirituais que encontrei ao longo do caminho, este livro oferece um relato sincero da minha jornada única, com a esperança de que ela incentive as pessoas a buscar o seu caminho.

Esta não é a história de alguém que milagrosamente resolveu tudo. E também não fala sobre se tornar uma versão perfeita de si mesma. Além disso, ele não foi escrito só para quem tem vinte e poucos anos, mas para todos que estão lutando para navegar pelos mares da mudança e para aqueles que estão em busca de autenticidade. Espero que todas as pessoas que leiam este livro encontrem nele conforto ao saber que sempre existe esperança. De que eu posso ser uma amiga distante que demonstra que você não está sozinho quando vivencia suas experiências. Ao falar sobre os acontecimentos da minha vida e os paralelos da astrologia, mostro que as coisas não são tão aleatórias ou caóticas como pensamos. Pode acreditar, não é pessoal — não está acontecendo só com você.

Entremeadas com as minhas histórias e lições estão as palavras poderosas e inspiradoras da minha maravilhosa amiga, guia espiritual pessoal e astróloga Noura Bourni. Aprendi demais com a sua profunda e reconfortante visão de mundo ao longo dos anos, que me ajudou a compreender todas as peças do quebra-cabeça. Não vejo a hora de você compreender também.

Seja bem-vindo ao retorno de Saturno, o seu momento de amadurecimento cósmico.

PARTE 1

Por que astrologia?

Duas coisas preenchem a mente com admiração e
fascínio sempre novos e crescentes, quanto mais frequentes
e habituais forem nossas reflexões sobre elas:
o céu estrelado sobre mim e a lei moral dentro de mim.
Não busco nem conjuro ambas como se fossem incertezas
veladas ou extravagâncias fora do meu campo de visão;
eu as enxergo e imediatamente as conecto com a
consciência da minha existência.

Immanuel Kant

Durante boa parte da vida, considerei a astrologia algo "místico" e esquisito, sem refletir muito sobre o assunto. Eu a associava a previsões de horóscopo vagas, sem graça e genéricas publicadas em notinhas de jornal que podiam ser associadas à vida de alguém independentemente do signo.

Por ter sido educada dentro de uma estrutura cristã, eu desmerecia a astrologia, o tarô e outras práticas esotéricas que hoje fazem parte da minha vida, achando que era tudo uma bobagem hippie. Astrologia era para pessoas esquisitas que usavam roupas largas e cheiravam a legumes. Hoje, talvez *eu* seja uma dessas pessoas que têm cheiro de legu-

O RETORNO DE SATURNO

mes — quem sabe? Só descobri a complexidade e a história profunda e rica da astrologia nos últimos anos, e, como consequência, minha opinião e sua importância na minha vida, assim como no coletivo, mudaram.

Desde os sumérios e babilônios até os egípcios antigos, os maias ou as civilizações hindus, nossos antepassados conheciam os mapas e códigos apresentados pelas estrelas. Isso era adicionado à vasta tapeçaria de conhecimento dentro do grande cosmos que nos cerca, disponível para nossa própria interpretação e orientação. Líderes mundiais e até mesmo ditadores tiveram astrólogos particulares ao seu lado, usando os movimentos planetários para determinar estratégias de ataque.

Com o tempo, o cristianismo e a ciência empírica começaram a diminuir a credibilidade e o valor da astrologia. Após o século XVIII, com o surgimento do materialismo científico, quando planetas externos foram descobertos, a astrologia começou sua separação da ciência e da astronomia, tornando-se categorizada como "superstição", e os astrólogos sendo chamados de charlatões. No entanto, ela parece estar encontrando um renascimento com a cultura popular predominante atualmente.

Mesmo quando a religião exerce um papel menos central em nossas vidas, ainda parecemos ansiar por algo espiritual e místico que nos conecte. Algo que não possa ser tocado, que não possa ser medido pela avaliação humana — o inex-

POR QUE ASTROLOGIA?

plicável, o esotérico. Talvez por estarmos vivendo em um mundo em que estamos mais "conectados" digitalmente, porém mais solitários do que nunca, seja lá por qual motivo, a astrologia está voltando a fazer parte de nossa rotina.

O cosmos e sua vastidão são coisas que possivelmente nunca vamos compreender por completo. Mas é inegável que eles mexem conosco: é uma sensação que talvez só captemos por um momento fugaz enquanto encaramos o céu à noite e nos damos conta da nossa própria insignificância na galáxia, ao mesmo tempo que sentimos a beleza inspiradora e fascinante de fazer parte dela.

Eu acredito no poder de qualquer coisa que nos faça sair de nós mesmos e nos ofereça uma nova perspectiva — qualquer coisa que inspire humildade e que nos mostre que existe algo maior acontecendo além de nossas pequenas vidas. Que melhor maneira de fazer isso do que admirando o universo ao redor e se entregando à ideia de que existe certo diálogo entre os dois mundos: o interior e o exterior?

Tive muitas conversas com amigos sobre astrologia, sobre a Lua e o modo como ela nos afeta. Com frequência, os céticos tentam me vencer com estudos, fatos e contra-argumentos. No entanto, o resumo da ópera é o seguinte: acredito que a eficácia da astrologia e do mapa astral seja medida pelo quanto eles importam para alguém. Se eles fazem diferença para a pessoa, são importantes. Acredito que, para realmente expandir a consciência, precisamos nos desviar do pensamento linear. Quando olho para as vitórias-régias de Monet, não questiono se elas são mesmo vitórias-régias, apesar de estar olhando para o que foi pintado. Sua impressão de um nascer do sol evoca em mim a mesma emoção do fenômeno real. A astrologia serve para que nossa impressão e interpretação nos ajudem a lidar com o coletivo e a psique interior. Ela nos dá permissão para sentir o que sentimos e para sentir que somos vistos.

Nosso apetite pela astrologia reforça a crença de que temos um destino e um propósito, que vão além dos limites do ego. No mínimo, ela pode ser uma ótima ferramenta para o autoconhecimento e o autocontrole. Não se trata de um embate entre destino e livre-arbítrio. É uma dança entre os dois. Às vezes não se trata do saber, mas sim do não saber, que, paradoxalmente, nos permite compreender as coisas e nos autoanalisarmos. Talvez não em um nível linear, lógico, mas de alma. A singularidade da astrologia está no fato de ser profundamente pessoal ao mesmo tempo que é unificadora. Ela existe para nossa compreensão e interpretação — tanto do céu estrelado lá em cima quanto da lei moral interior.

O QUE É ASTROLOGIA?

Antes de começarmos, é importante apresentar a você os elementos básicos da astrologia e alguns dos termos que vou usar ao longo do livro. A astrologia é um tema vasto

POR QUE ASTROLOGIA?

e parece ter possibilidades infinitas de conhecimento, então incentivo você a fazer sua própria pesquisa sobre as questões que mais lhe interessam. No meu caso, eu quis aprender a usá-la como uma ferramenta para aumentar meu autoconhecimento e ter uma compreensão mais profunda de mim mesma. Gosto das aplicações da astrologia relacionadas a questões emocionais e da maneira como ela pode afetar tanto nosso raciocínio quanto nosso modo de encarar a vida. É um jeito poético de contar e interpretar histórias. Portanto, esse é o foco deste livro, no qual mostro paralelos entre a astrologia e minhas experiências de vida. Aqui, você compreenderá melhor a astrologia e a si mesmo com um foco específico em Saturno e no retorno de Saturno.

A perspectiva astrológica de Noura:

A palavra "astrologia" se origina do grego antigo, da palavra ἀστρολογία — ἄστρον (que se pronuncia astron) que significa "estrela", e λογία (que se pronuncia logia) que significa "o estudo de algo ou de uma área de conhecimento sobre um assunto/disciplina". Em resumo, astrologia é o seguinte: o estudo de estrelas e planetas e de como os movimentos e padrões deles influenciam acontecimentos rotineiros e a vida dos habitantes da Terra.

Sob um ponto de vista esotérico e espiritual, acredita-se que todos nós temos um corpo físico e um astral. Nós vagamos pelo

O RETORNO DE SATURNO

plano físico em nosso corpo físico, mas continuamos habitando o corpo astral. Nós vagamos pelo mundo astral em nosso corpo astral, livres do corpo físico. Quando sonhamos e quando morremos, deixamos o corpo físico para trás e seguimos por um mundo astral, mas conectados com nossa consciência eterna.

A principal definição de astral é de relacionado a ou oriundo das estrelas. Provavelmente foi essa crença que motivou nossos antepassados a começar a observar a posição de corpos celestiais no momento em que uma alma encarna, no momento em que respiramos pela primeira vez. Com o tempo, eles notaram que certas posições e certos padrões resultavam em determinados tipos de personalidade e eventos. Crucialmente, eles revelavam indícios sobre nosso carma nesta vida. Por sua vez, isso abre o caminho para vivermos em alinhamento com nosso verdadeiro eu, nos impulsionando a seguir uma vida gratificante e libertadora.

Mas o que é carma? É verdade que ele vem e não falha nunca? Carma é uma palavra originada do sânscrito (कर्म) e que basicamente pode ser traduzida como ação, trabalho ou feitos. O trabalho ou ação que realizamos define os frutos que colhemos. Se o que fizermos for moralmente ruim, podemos esperar receber as consequências de um carma ruim. Se fizermos algo moralmente bom, podemos esperar um carma bom. No entanto, o carma vai muito além disso na astrologia.

Quando olhamos para um mapa natal astrológico, podemos ver os pontos que uma pessoa seria desafiada a trabalhar

POR QUE ASTROLOGIA?

e aprimorar continuamente ao longo da vida, porque são eles que trarão recompensas sempre que chegar o momento da colheita. Na astrologia tradicional, podemos encontrar o foco e os desafios da vida de alguém ao analisarmos elementos e combinações diferentes, incluindo a Lua e os nodos norte e sul. Os nodos norte e sul são uma representação de dons herdados e da zona de conforto, ilustrada pelo nodo sul. Quando exploramos as qualidades que o nodo norte representa, é revelado o caminho que devemos seguir usando esses dons e talentos naturais, como retratado pelo signo e a casa em que ele se encontra no mapa natal.

Como qualquer astrólogo diria a você, essa é uma parte crucial para delimitar nosso caminho cármico ao usar a astrologia como ferramenta para ampliar o autoconhecimento e a revelação da trajetória da vida de alguém. No entanto, o principal elemento que mostra a verdade essencial e as raízes do carma e da encarnação é o planeta Saturno e o papel que ele desempenha no mapa astral.

Em linhas gerais, segundo os ensinamentos tanto no Oriente quanto no Ocidente, a astrologia defende que devemos viver nosso carma e manifestar uma vida para nosso bem maior. Ela representa o trabalho real (carma significa trabalho, como já foi mencionado) que devemos conduzir nesta encarnação na Terra para cumprir as condições de uma vida bem vivida. Com Saturno, no entanto, só descobrimos o que é esse trabalho ou carma por meio de lições de vida e experiências

O RETORNO DE SATURNO

marcadas por uma pressão maior, que nos fazem ganhar mais maturidade, autocontrole e uma perspectiva mais ampla. Por sua vez, essas lições de Saturno formam uma base crucial para a marca que deixamos neste mundo — não importa qual seja o tamanho da nossa contribuição para uma sociedade mais saudável. É por isso que todos os trânsitos de Saturno trazem algum fardo adicional ou lição importante, para que possamos aprimorar nossas habilidades a fim de resistir às pressões da vida enquanto nos aproximamos de vivenciar nosso propósito a serviço de um mundo melhor.

SEU MAPA ASTRAL E COMO INTERPRETÁ-LO

A perspectiva astrológica de Noura:

O mapa astral é uma foto celestial ou um momento astrologicamente observado no segundo em que você nasceu ou respirou pela primeira vez. Nesse momento, o cronômetro do seu carma e de tudo que ajuda você a alcançar sua missão de vida foi iniciado. Celestialmente, naquele exato segundo, os planetas e constelações estavam configurados de uma forma específica, do ponto de vista da Terra. No horizonte oriental, um signo ascendia em um grau específico. Esse é o seu ascendente.

Com base nesse momento, o mapa astral é dividido em doze seções, correspondentes às energias que os doze signos do zodíaco representam. Na astrologia, essas doze seções se

POR QUE ASTROLOGIA?

chamam "casas". *O ascendente marca o início das casas, representando, assim, a Casa Um. Naquele momento em que o bebê e o signo ascendente despontavam, nove planetas (sete na astrologia tradicional) transitavam por signos específicos em graus específicos. A maneira como eles estavam dispostos sob o ponto de vista do ascendente também ajuda a delinear o mapa astral e a revelar outra parte do seu DNA cósmico.*

Como acabamos de estabelecer, existem doze casas e doze signos do zodíaco. Astrologicamente, eles se relacionam e revelam temas específicos não apenas no sentido cósmico, mas também no nível mundano — mostrando-se inevitavelmente entrelaçados e emaranhados na essência da nossa existência. A extensão do quanto isso é verdade, especialmente ao estudar qualquer sistema esotérico, parece ser interminável, seguindo o conceito de que, quanto mais sabemos, menos sabemos, já que cada novo conhecimento descoberto aumenta o desejo de nos aprofundarmos em nossa busca pela verdade.

Nas próximas páginas, você encontrará um resumo dos assuntos mais importantes e do significado de cada casa astrológica.

Os doze signos do zodíaco são regidos por planetas, como você verá na tabela a seguir. Cada um desses planetas, assim como as casas, carrega certa energia e leva essa energia para o lugar onde está posicionado no mapa astral. Ao tentar descobrir o papel de Saturno no seu mapa e, portanto, seus desafios de vida e áreas de foco durante o retorno de Saturno, é preciso

O RETORNO DE SATURNO

localizá-lo no seu mapa. Ele está na Casa Dois? Na Casa Quatro? Depois que isso for identificado, é necessário fazer uma análise astrológica mais detalhada para compreender seus graus, seus aspectos e assim por diante, que é toda uma outra área a ser estudada. No entanto, você vai se surpreender com o quanto simplesmente saber a posição de Saturno em seu mapa revela sobre a área da sua vida que vai precisar de mais atenção durante o seu retorno de Saturno. O que nos leva à questão principal deste livro: o que é o retorno de Saturno?

Antes de seguirmos em frente, porém, você vai precisar do seu mapa astral para descobrir a posição de Saturno nele. Há muitos sites na internet que fazem mapas de graça. Basta digitar "mapa astral" no site de busca da sua escolha.

Na página 34, você vai encontrar um exemplo de mapa criado com base em uma data de nascimento aleatória. É assim que o seu mapa deveria ser, tirando o fato de que o seu provavelmente terá posicionamentos e configurações de signos diferentes. Nesse mapa, se você prestar atenção, vai encontrar um símbolo que lembra uma foice — ♄. Esse é o símbolo de Saturno. No mapa do exemplo, ele se encontra na casa indicada pelo número 9. Assim, na astrologia, dizemos "Saturno está na Casa Nove". Na tabela abaixo do mapa há uma lista de planetas. Procure por "Saturno". Nesse caso, a informação que aparece ao lado dele é "10 Cap 29". Então, sabemos que Saturno transitava pelo signo de Capricórnio (Cap). O 10 in-

POR QUE ASTROLOGIA?

dica o grau em que ele estava. Assim, para concluir a posição de Saturno, diríamos: Saturno está na Casa Nove, aos dez graus do signo de Capricórnio.

Independentemente da fonte do seu mapa astral, ele terá o seguinte formato:

Signo do zodíaco	Datas
♈ Áries	21 de março — 19 de abril
♉ Touro	20 de abril — 20 de maio
♊ Gêmeos	21 de maio — 20 de junho
♋ Câncer	21 de junho — 22 de julho
♌ Leão	23 de julho — 22 de agosto
♍ Virgem	23 de agosto — 22 de setembro
♎ Libra	23 de setembro — 22 de outubro
♏ Escorpião	23 de outubro — 21 de novembro
♐ Sagitário	22 de novembro — 21 de dezembro
♑ Capricórnio	22 de dezembro — 19 de janeiro
♒ Aquário	20 de janeiro — 18 de fevereiro
♓ Peixes	19 de fevereiro — 20 de março

O RETORNO DE SATURNO

Mapa natal: Placidus
Signo solar: Escorpião
Ascendente: Touro

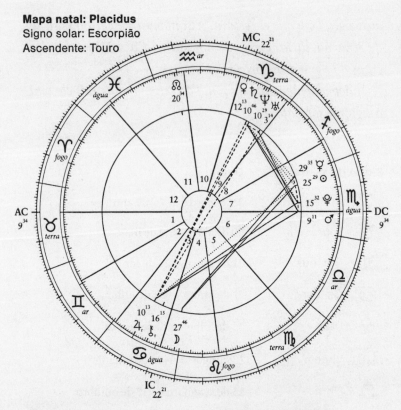

Signo do zodíaco

- ♑ Capricórnio
- ♒ Aquário
- ♓ Peixes
- ♈ Áries
- ♉ Touro
- ♊ Gêmeos
- ♋ Câncer
- ♌ Leão
- ♍ Virgem
- ♎ Libra
- ♏ Escorpião
- ♐ Sagitário

Linhas de aspectos

- -------- Aspectos tensos
- ———— Aspectos harmoniosos
- .... Aspectos neutros

AC = Ascendente
MC = Meio do céu
DC = Descendente
IC = Imum Coeli

POR QUE ASTROLOGIA?

	Cardinal	Fixo	Mutável
Fogo			
Ar		♌	
Terra	♀ ♄ ♅ ♆ MC	AC	
Água	☽ ♃ ⚷	☉ ☿ ♂ ♇	

LEGENDA DOS ASPECTOS

- ☌   0°   Conjunção
- ⚺   30°   Semissextil
- ∠   45°   Semiquadratura
- ✱   60°   Sextil
- ⚼   72°   Quintil
- □   90°   Quadratura
- △   120°   Trígono
- ⊡   135°   Sesquiquadratura
- ⚟   144°   Biquintil
- ⚻   150°   Quincúncio
- ☍   180°   Oposição

	☉	☽	☿	♀	♂	♃	♄	♅	♆	♇	☊	⚷	AC	MC
☉ Sol — 25 Esc 29′ 9″	☉													
☽ Lua — 27 Can 46′ 2″	△ -2 S	☽												
☿ Mercúrio — 29 Esc 34′ 50″	☌ 4 S	△ 2 A	☿											
♀ Vênus — 12 Cap 12′ 47″	∠ -2 A		∠ -2 S	♀										
♂ Marte — 9 Esc 10′ 50″				✱ 3 S	♂									
♃ Júpiter — 10 Can 13′ 20″r	⊡ 0 S			☍ -2 S	△ -1 A	♃								
♄ Saturno — 10 Cap 46′ 9″	∠ 0 A			☌ 1 S	✱ 2 A	☍ -1 S	♄							
♅ Urano — 3 Cap 13′ 39″				☌ 9 S	✱ -6 S	☍ -7 A	☌ 8 S	♅						
♆ Netuno — 10 Cap 29′ 15″				☌ 2 S	✱ 1 A	☍ 0 S	☌ 0 S	☌ 7 A	♆					
♇ Plutão — 15 Esc 31′ 40″	☌ 10 S			✱ -3 A	☌ 6 A	△ 5 S	✱ -5 A	∠ 3 S	✱ -5 S	♇				
☊ Nodo norte — 20 Aqu 33′ 56″	□ -5 S										☊			
⚷ Quíron — 16 Can 14′ 57″r	△ 9 S		⊡ -2 A	☍ -4 A	△ -7 A	☌ 6 S	☍ -5 A		☍ -6 A	△ -1 A		⚷		
AC: 9 Tou 33′ 50″ / **2:** 9 Gem 17′ / **3:** 1 Can 19′				△ -3 A	☍ 0 S	✱ 1 A	△ -1 A	△ 6 S	△ -1 A	☍ -6 A			AC	
MC: 22 Cap 20′ 43″ / **11:** 17 Aqu 0′ / **12:** 21 Pei 30′	✱ -3 A	☍ -5 A			⬠ 1 S							☍ -6 S		MC

O RETORNO DE SATURNO

É a sua vez... Em que casa e signo está Saturno no seu mapa astral? Você pode preencher o quadro a seguir para ter um meio rápido de consultar o posicionamento do seu Saturno quando ler as interpretações. E pense na maneira como o seu retorno de Saturno pode afetar você com base nas informações apresentadas aqui:

Signo em que está Saturno	Note os posicionamentos problemáticos e aspectos positivos
Casa em que está Saturno	Quais são as principais lições de Saturno para esta vida?

Anote o posicionamento de Saturno no seu mapa aqui e consulte essa informação ao longo da leitura deste capítulo:

_____

_____

_____

_____

POR QUE ASTROLOGIA?

Casa	Temas e importância	Planeta regente
Um (ascendente)	Maneira de lidar com o mundo – corpo físico – saúde geral – autoconfiança – força de vontade – aparência e características gerais	Marte (domínio de Áries)
Dois	Valores – tradições – discurso – riqueza – bens – desejos – luxo – beleza – conforto – ambiente – traços faciais secundários	Vênus (domínio de Touro)
Três	Habilidades – mãos – comunidade – coragem – viagens curtas – relacionamento com irmãos – escrita e comunicação	Mercúrio (domínio de Gêmeos)
Quatro	Lar – mãe – segurança e realização emocional – eu íntimo – propriedades/imóveis	Lua (domínio de Câncer)
Cinco	Criatividade – filhos – educação – hobbies – esportes – alegria – inspiração – desenvolvimento de um ego saudável	Sol (domínio de Leão)
Seis	Rotina – saúde – cura – saúde mental – colegas de trabalho – processos jurídicos – obstáculos – animais de estimação – serviço – voluntariado	Mercúrio (domínio de Virgem)

O RETORNO DE SATURNO

Casa	Temas e importância	Planeta regente
Sete	Companheiro de vida – casamento – clientes – viagem – relacionamentos profissionais – harmonia – fama	Vênus (domínio de Libra)
Oito	Tesouros ocultos – reviravoltas – sofrimentos e traumas antigos – sexualidade – transformação – espiritualidade	Marte/Plutão (domínio de Escorpião)
Nove	Viagens longas – figuras de autoridade educacionais, benevolentes – ideais elevados – educação superior – sorte	Júpiter (domínio de Sagitário)
Dez	Status – ambição – figuras de autoridade sérias – carreira – carma – fama – reputação – autoridades governamentais – imagem que projetamos para o mundo	Saturno (domínio de Capricórnio)
Onze	Presentes – comunidade maior – esperanças e desejos – objetivos altruístas – amigos solidários – irmãos mais velhos	Saturno/ Urano (domínio de Aquário)
Doze	Subconsciente – divindade – criatividade desprendida do ego – inspiração divina – escapismo – vícios – perda energética – lugares isolados – sofrimentos e traumas esquecidos	Júpiter/ Netuno (domínio de Peixes)

POR QUE ASTROLOGIA?

Signos do zodíaco	Planeta regente	Casa correspondente	Elemento	Cores associadas
Áries	Marte	Um	Fogo	Vermelho – laranja
Touro	Vênus	Dois	Terra	Tons de rosa – branco – tons terrosos
Gêmeos	Mercúrio	Três	Ar	Verde – tons de azul
Câncer	Lua	Quatro	Água	Azul-claro – verde-mar – prata
Leão	Sol	Cinco	Fogo	Dourado – amarelo – laranja
Virgem	Mercúrio	Seis	Terra	Verde-esmeralda – azul-escuro – azul-marinho
Libra	Vênus	Sete	Ar	Rosa queimado – off-white
Escorpião	Marte/ Plutão	Oito	Água	Vermelho-sangue – preto – beges – roxo
Sagitário	Júpiter	Nove	Fogo	Laranja – amarelo – preto
Capricórnio	Saturno	Dez	Terra	Preto – azul – branco
Aquário	Saturno/ Urano	Onze	Ar	Azul-marinho – violeta – cinza
Peixes	Júpiter/ Netuno	Doze	Água	Malva – amarelo-claro – pêssego

O RETORNO DE SATURNO E SEUS EFEITOS

A perspectiva astrológica de Noura:

Na astrologia, o retorno de Saturno representa nossas restrições internas, carma, limites naturais e, em sua fase imatura, é aí que sentimos escassez e medo. Essa fase menos evoluída de Saturno com frequência é vivenciada quando temos Saturno em um posicionamento forte no mapa, como nas casas Um, Dois, Quatro, Sete, Oito ou Doze, ou quando ele influencia o ascendente, o Sol, a Lua, Vênus ou Marte por meio de aspectos ou seus signos (Capricórnio/Aquário).

É necessário um trânsito intenso de Saturno para nos ajudar a sair da fase imatura, que leva a uma mentalidade de escassez em certo nível ou a não viver de modo autêntico devido a medos muito enraizados. Os exemplos mais comuns são medo do fracasso, de perdas, de compromisso, ou de ficar sozinho, ou a negação da beleza individual. Então por que é necessário um trânsito de Saturno para nos ajudar a transcender um "problema" de Saturno? Porque os trânsitos intensos de Saturno nos fazem encarar de frente aquilo que tememos e, consequentemente, evitamos. Isso acontece para nos mostrar que, quando nossos maiores medos se manifestam, podemos nos empoderar ao buscar soluções e criar mecanismos de defesa saudáveis. Nós aprendemos a aceitar e a encarar as coisas que nos assustam até finalmente nos libertarmos das correntes de um Saturno imaturo.

POR QUE ASTROLOGIA?

Ao fazermos isso, iniciamos o padrão de viver de forma autêntica, reconhecendo nossos temores e preocupações mais profundos sem ser reféns deles nem tentar negá-los. Nessa fase, nos é concedida mais maturidade e descobrimos uma nova confiança em nossas próprias habilidades. É aí que a fase imatura de Saturno acaba e uma versão mais sábia e mais madura de Saturno começa a se revelar segundo seu posicionamento no mapa astral.

Saturno também é o planeta da justiça, do dever, dos relacionamentos equilibrados, do status, da humildade, da autocompreensão e de ações altruístas. Tradicionalmente, ele é o planeta mais velho do mapa e com frequência se manifesta na forma de atrasos, desafios, obstáculos e confrontos desconfortáveis com figuras de autoridade. Ele faz isso para nos ensinar lições sobre autoconhecimento e sobre permanecer firme em nossa autenticidade, de acordo com os elementos no nosso mapa astral.

Entre as idades de 29 e 30 anos, o planeta Saturno volta ao mesmo signo do zodíaco, no mesmo grau em que estava no momento do nascimento do mapa. Nesse momento, começamos a sentir que mais desafios e obstáculos dão as caras. Na astrologia, esse fenômeno se chama retorno de Saturno — nossa última iniciação na vida adulta.

O propósito do retorno de Saturno é analisar nossa vida até então e garantir que estamos vivendo de forma autêntica e madura. É lançar luz sobre e pressionar nossos medos e

O RETORNO DE SATURNO

crenças limitantes mais profundos. Com frequência, é durante esse trânsito que recebemos a oportunidade de descobrir restrições que subconscientemente impomos a nós mesmos, e, para a maioria de nós, esse é o momento em que começamos a repensar as decisões que tomamos até o momento.

É comum nos depararmos com decisões que podem ter minado nosso papel na sociedade, nossa autoestima, nossos relacionamentos e, mais importante, decisões que foram baseadas em um sentimento de escassez, medo e submissão a pressões da sociedade que batem de frente com nosso propósito de vida. Saturno nos ensina a passar por cima de inseguranças, medos e limitações, a fim de que possamos evoluir para uma versão mais estável, autêntica e alinhada de nós mesmos conforme fazemos a transição para os trinta anos. Nós aprendemos a plantar novas sementes para colher aquilo que realmente desejamos para nossa vida no fim dos vinte anos, e então recebemos a recompensa no fim do ciclo da colheita, no começo dos trinta.

***

Então, funciona mais ou menos desse jeito. Pense no seu mapa astral como uma foto da posição exata dos planetas no momento em que você nasceu. É apenas um registro temporal, e os planetas continuam orbitando pelo céu, se movendo por vários signos do zodíaco, cada um ocupando

POR QUE ASTROLOGIA?

um espaço por um período de tempo específico dependendo do ritmo do seu movimento. Saturno leva 29 anos e meio para orbitar ao redor da Terra. Isso significa que, depois desse período, Saturno volta para a mesma constelação que estava no momento do seu nascimento (voltando ao seu signo solar). Ele permanece lá até se mover para o próximo signo do zodíaco (o que leva cerca de três anos). Só para você ter uma ideia, Marte leva 687 dias para orbitar a Terra; Vênus, 225 dias; e Júpiter, 12 anos.

Saturno é o segundo maior planeta do sistema solar, e o sexto mais distante do Sol. Ele orbita o Sol e, por ter um eixo rotacional inclinado, tem estações, assim como a Terra. As estações de Saturno, no entanto, duram sete anos. Saturno é 95 vezes maior do que a Terra, porém, com sua densidade ele flutuaria em qualquer oceano grande o suficiente para abrigá-lo. Talvez um sinal da maneira como deveríamos encarar o retorno de Saturno é o fato de que, apesar de ser um planeta grande, ele também é leve, por isso você não precisa encará-lo como algo tão assustador.

Assim, quando chegar o momento do seu retorno de Saturno, isso significa que ele voltou à mesma posição em que se encontrava quando você nasceu, retornando ao início. Isso leva a um momento importante, frequentemente encarado como um renascimento, quando grandes mudanças acontecem e nós reavaliamos a maneira como estamos levando nossa vida. Se tivermos sorte, vamos passar por três retornos

O RETORNO DE SATURNO

de Saturno, a cada trinta anos — cada iniciação na próxima fase da vida adulta. É parecido com uma primeira comunhão ou um bar mitzvah cósmico. O retorno de Saturno é o nosso amadurecimento astrológico.

Talvez você comece a sentir os efeitos dessa transição a partir dos 27 anos, e ela pode se estender até o começo dos trinta, dependendo do seu mapa astral e da posição de Saturno nele. Conforme Saturno se aproxima da posição original de sua data de nascimento, é possível que você sinta o poder dele com mais intensidade. No mundo da astrologia, sabe-se que esse é um momento extremamente revolucionário, com sua chegada trazendo uma avaliação do universo, testando a autenticidade com que você viveu até o momento. Talvez você sinta a pressão do tempo, uma nova sensação de pressa, fique mais consciente da sua própria mortalidade ou encare uma realidade mais sóbria da vida (no meu caso literalmente, já que parei de beber).

Mas não é tudo tão ruim assim, apesar de poder parecer no momento. Basicamente, o retorno de Saturno mostra quem você é de verdade. A perspectiva que você ganha depois de passar por ele mostra que aquilo não está acontecendo com você, mas para você. Com frequência, quando temos vinte e poucos anos, baseamos nossas decisões nas expectativas da sociedade, desejando nos encaixar. Saturno nos chama para examinar quem somos de verdade, usando recursos interiores para isso. Você será obrigado a confrontar tudo que manifestou na vida, as coisas boas e as ruins. Se,

POR QUE ASTROLOGIA?

assim como eu, você tiver passado seus vinte anos no piloto automático, pode achar que é um despertar meio abrupto. Para algumas pessoas, Saturno não abala seu ritmo, mas solidifica o que já estava encaminhado há um tempo, contanto que esteja alinhado com a sua verdade.

No seu papel de planeta, Saturno está associado a disciplina, estrutura e limites. Se você está vivendo no estilo "saturnino" e já segue esses princípios, talvez simplesmente seja recompensado nessa fase. Casamento, talvez, ou seu primeiro filho. Você pode conseguir aquela promoção para a qual tanto se esforçou ou se mudar para a cidade onde sempre quis morar. As sementes que foram plantadas brotam e parecem consolidar tudo que você colocou em prática nos últimos trinta anos. Para outras pessoas, no entanto, o retorno de Saturno é como estar dentro de um redemoinho que revira sua vida do avesso.

Muitos relacionamentos terminam durante esse momento. Promessas feitas na juventude deixam de fazer sentido no âmago de valores individuais durante a transição. Ao longo desse trânsito, os rompimentos podem ser especialmente repentinos e inesperados. Saturno não brinca em serviço e vai tirar do seu caminho tudo que você não merecer. Ele pode ser um planeta lento e comedido, mas pode ter certeza de que você vai perceber sua chegada.

Outro desafio que encaramos durante esse período é como concretizar a energia de Saturno. Ele tem a ver com o realismo — nos desafiando a trazer nossos conceitos e ideias para o mundo material. Durante essa época, é comum que as pessoas, de repente, coloquem em prática ideias que estavam ruminando há séculos. Por exemplo, começar uma empresa aparentemente do nada, sendo que isso devia fazer parte dos seus planos há anos. De maneira consciente ou não, elas usam essa energia para transformá-los em realidade, e é um ótimo momento para pegar essas ideias e começar a enraizá--las no mundo material.

Uma sensação comum nessa fase é o sentimento de frustração, porque nos tornamos cada vez mais conscientes dos nossos bloqueios e do fato de que continuamos a criar barreiras para nós mesmos. A mente consciente encontra o subconsciente, onde ficam as limitações. Isso pode resultar em uma sensação de falta de propósito e na consciência das próprias tendências destrutivas, mas é aqui que podemos começar a buscar a raiz de todos os nossos padrões e comportamentos. Ter consciência da nossa polaridade e admitir nosso lado sombrio é o melhor modo de construir uma amizade com Saturno e usá-lo em benefício próprio. É importante lembrar que, apesar de essa fase parecer estar acontecendo só com você, todos nós passamos por ela. O autoconhecimento é o primeiro passo, e, se você estiver tendo essas percepções, não se julgue tanto. Aqui é o local onde as mudanças reais precisam ser realizadas.

POR QUE ASTROLOGIA?

A perspectiva astrológica de Noura:

Como já aprendemos, todos nós somos únicos, com um mapa astral distinto, e existem doze casas nele. Isso significa que o retorno de Saturno vai ser diferente para cada pessoa, dependendo da casa que ele ocupa no mapa e da influência que tem sobre os outros planetas natais.

A seguir você vai encontrar mais informações sobre cada posição de Saturno. Primeiro leia a interpretação relacionada à casa em que Saturno está no seu mapa. Depois, leia a interpretação do signo que Saturno ocupa no seu mapa. Muitas vezes você verá que os dois dados exercem um papel importante antes do retorno de Saturno e então voltam a entrar em foco conforme você se aproxima dos trinta anos.

Saturno na Casa Um, que é semelhante a Saturno no signo de Áries:

O principal foco durante o retorno de Saturno será sua identidade, seu corpo e sua saúde, a maneira como você reage aos outros, sua autoconfiança e respeito. Reflita sobre as seguintes questões:

- O quanto você se importa com a sua aparência?

- O quanto ela define você?

- Você consegue se expressar fisicamente de um modo empoderador?

O RETORNO DE SATURNO

Então chegamos às perguntas importantes:

- Quem é você de verdade e quem deseja se tornar pelos próximos trinta anos?

- De que maneira as expectativas de opiniões das outras pessoas influenciam sua identidade? E como você pode revelar seu eu verdadeiro nos seus relacionamentos e para si mesmo?

Talvez você se sinta sem vigor durante o retorno de Saturno, como se estivesse empacado de alguma forma, e isso fica nítido nos seus níveis de energia. É apenas uma fase temporária, que lhe dá a oportunidade de fortalecer e curar seu corpo. Também é uma chance de se dedicar com mais paciência aos seus objetivos mundanos ao mesmo tempo que oferece a si mesmo a paciência e a bondade que merece (apesar de nunca ter compreendido isso). Na juventude, você carregou fardos que não eram seus. Está na hora de se desapegar deles e pensar em si mesmo.

Saturno na Casa Dois, que é semelhante a Saturno no signo de Touro:

O foco e o desafio serão as finanças, valores e falar a verdade. Você terá que pensar na maneira como trata a si mesmo. Pense no apego a tradições e valores que impedem que você se expresse do modo mais autêntico possível. Reflita sobre as seguintes questões:

POR QUE ASTROLOGIA?

- Como uma possível mentalidade de escassez impede que você tenha uma vida mais abundante?

- De que maneira você pode começar a construir um legado para si mesmo com suas próprias tradições e valores?

- A sua relação com o dinheiro é saudável? Você é mão aberta ou mão fechada demais em certos momentos?

- Qual é o seu planejamento financeiro? Você pode aprender mais sobre finanças?

- Talvez você tenha passado por algum atraso no desenvolvimento da fala enquanto crescia ou sentiu que sua voz não importava. Saturno lentamente o incentiva a falar a sua verdade de um jeito confiante, mesmo quando os outros não aprovam o que você diz.

Saturno na Casa Três, que é semelhante a Saturno no signo de Gêmeos:

Aqui, Saturno pode ter causado atrasos na formação de amizades íntimas durante sua juventude. Mesmo que você tivesse um grupo grande de amigos, talvez não se sentisse tão conectado a ele. Às vezes essa é uma posição que indica problemas com irmãos, ou uma dinâmica desequilibrada com um irmão, em que um dos dois se comporta mais como uma figura parental do que como se fossem iguais. Isso pode ser bom ou ruim, dependendo do quanto a pessoa se sinta so-

O RETORNO DE SATURNO

brecarregada. Esse posicionamento também pode fazer você duvidar das próprias capacidades e habilidades, o que pode tornar você mais determinado e ajudá-lo a fazer um excelente trabalho, ou lhe dar a sensação de que o seu trabalho nunca será bom o suficiente, levando-o a desistir rápido demais.

Durante o retorno de Saturno, você vai receber um chamado para se aprofundar em seus talentos e habilidades naturais e dar a eles uma plataforma para brilhar. Você também vai receber a oportunidade de curar e remediar seu relacionamento com irmãos e amigos. Em alguns casos, isso pode despertar o desejo de mudar seu entorno. Talvez você sinta vontade de fazer parte de uma comunidade diferente, na qual sinta que pode se expressar de maneira autêntica, formando amizades profundas e relacionamentos platônicos.

Saturno na Casa Quatro, que é semelhante a Saturno no signo de Câncer:

Na juventude, talvez suas emoções e sentimentos parecessem um fardo para as pessoas ao seu redor. Se esse for o caso, você os suprimia e se retraía sempre que os sentia surgindo. Talvez um dos seus responsáveis, senão os dois, fosse emocionalmente distante ou apenas tivesse os próprios fardos, fazendo com que a presença dele fosse mais distante do que você gostaria.

Ao se aproximar do retorno de Saturno, é provável que todos esses sentimentos voltem à tona e que você sinta a necessi-

POR QUE ASTROLOGIA?

dade de conversar abertamente com um terapeuta ou com a pessoa que causava as sensações de abandono. Use essa oportunidade para expressar todos os modos como você se sentiu emocionalmente abandonado ou incompreendido. De todas as posições, essa exige uma cura profunda e mostra a necessidade de ser mais gentil com o seu coração enquanto você lenta e calmamente lida com as questões de codependência que podem ter sido causadas por esse trauma de abandono.

Saturno na Casa Cinco, que é semelhante a Saturno no signo de Leão:

Esteja você exercendo sua criatividade, cuidando dos filhos ou encontrando alegria, sempre há um medo associado a isso. Talvez você desmereça sua criatividade ou tenha dificuldade em reconhecer que merece ser alegre e livre. Às vezes essa posição também indica um medo ou uma rejeição inconsciente à ideia de ter filhos. Você pode adorar crianças, mas duvidar da sua capacidade de ser bom pai ou boa mãe.

O retorno de Saturno coloca em foco sua autoexpressão criativa e pede que você a associe a um ego saudável. Não há problema nenhum em ter orgulho de um projeto que você acabou de lançar ou de um hobby em que seja muito bom, ou de qualquer coisa que lhe traga alegria. Há necessidade de se desapegar do medo e se permitir brilhar sem culpa.

O RETORNO DE SATURNO

Saturno na Casa Seis, que é semelhante a Saturno no signo de Virgem:

Você é meticuloso, detalhista, e talvez até bastante atento à sua saúde. Não necessariamente porque deseja ser assim, mas porque teve que se tornar desse modo para sentir que tem algum controle sobre sua rotina. Boa parte disso pode ser motivada pela ansiedade e por fardos que você carregou devido à sua saúde ou vitalidade enquanto crescia.

O seu retorno de Saturno provavelmente trará cura por meio do confronto de parte dos medos e problemas de saúde que estimulam sua ansiedade. Nesse momento, você deve ver o médico certo se materializar para resolver sua dor crônica nas costas, por exemplo. Ou vai ler um livro de autoajuda que explica completamente alguns dos desafios de saúde mental que enfrentou ao longo da vida. Em resumo, o retorno de Saturno trará cura, tanto no sentido mental quanto físico, e lhe dará coragem para acabar com qualquer tipo de autossabotagem e dúvidas que possam ter contribuído para isso tudo.

Saturno na Casa Sete, que é semelhante a Saturno no signo de Libra:

Por natureza, você é alguém que se doa e ama, mas às vezes pode amar e se doar demais, a ponto de se prejudicar. Essa posição indica uma necessidade de descobrir seus limites nos relacionamentos, tanto os românticos quanto os platôni-

POR QUE ASTROLOGIA?

cos. Você tem um lado que pode ser muito flexível, chegando ao ponto de fazer concessões sobre si mesmo e seu autodomínio em prol daquilo que aprendeu ser amor. Provavelmente é um comportamento que segue a linha de "precisamos fazer sacrifícios em nome do amor". Durante o seu retorno de Saturno você vai receber a oportunidade de repensar essas crenças, começando pelo amor-próprio.

Você vai precisar aprender a encarar de forma saudável seus próprios limites e suas ideias sobre o amor e os relacionamentos antes de se comprometer com alguém em longo prazo. Você é um excelente parceiro, tanto no amor quanto nos negócios. Certifique-se de que a pessoa que você escolher compreenda isso e faça a parte que cabe a ela. Essa será a chave para abrir a porta para relacionamentos duradouros, amorosos, generosos e emocionalmente maduros.

Saturno na Casa Oito, que é semelhante a Saturno no signo de Escorpião:

Você pode ter um fascínio por sexo ou estar completamente fechado a explorar esse campo com liberdade e autenticidade. Não existe meio-termo, e isso é típico do arquétipo de Escorpião. Talvez você tema perder o controle ao iniciar um relacionamento sexual consensual. Por outro lado, isso é o que você mais quer. Então, como dá para perceber, é complicado. Você pode acabar se vendo em relacionamentos românticos instáveis, obsessivos, ou até tendo casos. É provável que você

O RETORNO DE SATURNO

também tenha um talento verdadeiro para explorar coisas que estão escondidas e para encontrar soluções que outros não enxergam.

Durante o retorno de Saturno você vai ser desafiado a rever suas questões relacionadas à intimidade e a motivação por trás delas. Isso pode trazer reflexões sobre o seu primeiro encontro sexual ou sobre a primeira vez que você entendeu o que era sexo. Vai ser preciso desencavar muita coisa, mas o objetivo final é ter domínio sobre sua sexualidade por completo em termos de preferências e sobre sua necessidade inerente de compromisso e intensidade total depois que você se abrir a ter um relacionamento saudável e íntimo.

Saturno na Casa Nove, que é semelhante a Saturno no signo de Sagitário:

Você tem a capacidade incrível de explorar crenças, ideologias e conhecimentos diferentes que ajudam a ampliar a moralidade da humanidade. No entanto, existe a necessidade de encontrar uma filosofia pela qual realmente se guie e que seja autêntica diante do seu estilo de vida.

Também há outro tema que pode ganhar destaque na sua vida: a busca pela liberdade. Enquanto crescia, talvez você se sentisse reprimido por professores ou figuras de autoridade. Durante o fim da adolescência e os vinte anos, a necessidade de ir a algum lugar em que você pudesse expressar livremente sua própria filosofia de vida de modo autêntico pode ter

POR QUE ASTROLOGIA?

surgido, longe do olhar de uma figura de autoridade mais velha julgando sua opinião desafiadora sobre certas questões.

Durante o retorno de Saturno, no entanto, você pode acabar se encontrando exatamente no mesmo lugar onde estava tantos anos atrás. Ele pede que você encontre a coragem de expressar a sua verdade autêntica onde quer que esteja — mesmo sob o olhar das pessoas que lhe são mais familiares e que se apegam a velhas crenças que não estão mais alinhadas com você.

Saturno na Casa Dez, que é semelhante a Saturno no signo de Capricórnio:

Essa posição indica ambição e foco em cumprir o carma desta vida por meio da carreira e do status. Uma mãe que é dona de casa em tempo integral e leva seu trabalho a sério pode ter essa configuração tanto quanto o presidente de uma das maiores empresas do mundo. O status do cargo não é tão importante quanto a necessidade de ser levado a sério no caminho e dever escolhidos. Nessa posição, o retorno de Saturno traz uma finalização e uma recompensa pelo trabalho feito ano após ano. Durante um segundo retorno de Saturno, isso pode significar conseguir se aposentar e colher as recompensas de pelo menos trinta anos de responsabilidade incansável. Também pode significar ver a formatura dos filhos e vivenciar um profundo sentimento de realização e conquista.

Durante um primeiro retorno de Saturno, talvez você consiga uma promoção pela qual vinha se esforçando ou testemunhe

O RETORNO DE SATURNO

o sucesso de um projeto em que estava trabalhando nos bastidores. Para outros, pode significar ter filhos ou se tornar mentor de alguém, e se sentir realizado com isso, apesar de a nova responsabilidade parecer cansativa no começo.

Por outro lado, se a pessoa não honrar suas responsabilidades profissionais ou se estiver se autossabotando por duvidar de si mesma, então o primeiro retorno de Saturno vem mostrar os fatos de forma dura — está na hora de crescer e começar a se dedicar com paciência e esforço aos seus objetivos de carreira e de vida. Porque você nasceu para conquistar o sucesso na área que escolher, e negar isso seria negar o seu carma, algo de que Saturno não gosta.

Saturno na Casa Onze, que é semelhante a Saturno no signo de Aquário:

Essa posição pode ser surpreendentemente positiva, apesar de talvez trazer alguns desafios na infância. O principal seriam suas amizades (trazendo o tema de outra casa associada a questões sociais, a Casa Três). Talvez tenha sido difícil se conectar com seus colegas, ou você se sentisse excluído de alguma forma. Isso pode ter acontecido pelo fato de eles terem excluído você do grupo de amigos na escola ou de existir algum obstáculo para formar um grande grupo de amizades verdadeiras ao mesmo tempo que você permanecia fiel a si mesmo. No entanto, os amigos que você tinha eram leais e compartilhavam da sua visão de vida — uma visão que poderia parecer meio "diferente". Mas você gosta disso. Esse aspecto

POR QUE ASTROLOGIA?

também pode indicar certa distância emocional ou física de um irmão mais velho. Talvez você desejasse ter alguém mais velho (como um irmão) para lhe dar conselhos nos momentos em que mais precisava.

Quando um mapa apresenta essa posição, costuma ser aconselhado buscar um mentor no começo da carreira, já que você tende a ser favorecido por figuras de autoridade (apesar de ter, no fundo, uma natureza rebelde). Nas amizades, seria melhor não se preocupar em se encaixar ou fazer parte de um grupo grande de amigos, já que você tende a perder sua noção de identidade ao fazer isso. Você vai encontrar amizades duradouras quando for atrás de desejos, vontades e objetivos mais altruístas.

Essa posição pode trazer presentes e rendas inesperados depois de você dar um voto de confiança a trabalhos que beneficiem a si mesmo e à sociedade de alguma forma. Você tem grandes ideias (e rentáveis), uma visão ampla da vida para si mesmo e para os outros, e um coração maior ainda. Quanto mais você mergulhar em si mesmo, mais provável será que Saturno o recompense material ou espiritualmente após seu retorno (depois dos 28 a 30 anos).

Saturno na Casa Doze, que é semelhante a Saturno no signo de Peixes:

Aqui, Saturno pode fazer você sentir a necessidade constante de esconder suas emoções verdadeiras. Mais importante,

O RETORNO DE SATURNO

pode fazer você sentir que precisa esconder seus desafios de saúde mental. Na infância, talvez você nem sempre sentisse que recebia apoio, e isso pode ter exacerbado uma necessidade de fugir de um ambiente que parecia emocional e mentalmente opressivo. Você é sensível e criativo, mas isso também é algo que esconde, talvez tão fundo que tenha se esquecido dessa característica.

Às vezes essa posição causa uma necessidade intensa de fugir por meio do abuso de substâncias ou por outros métodos. Ela pode até mesmo criar medos que nem sempre parecem racionais. Há uma necessidade constante de alimentar a narrativa de que você precisa bloquear todas as experiências difíceis e dolorosas, porque elas não foram tão ruins quanto pareciam. Mais tarde, essa dor ressurge para curar o bloqueio que causa esse ciclo de autossabotagem.

O retorno de Saturno pode trazer uma experiência espiritual que conecte você com a sua espiritualidade ou com algum tipo de inspiração divina que inicia o processo de cura. Por volta desse período também pode haver a necessidade de se refugiar em algum lugar no exterior ou em algum lugar próximo, porém isolado. Talvez isso se manifeste como um pequeno problema de saúde que force você a olhar para si mesmo de algum modo, longe da opinião de pessoas muito familiares. Habilidades criativas também podem ser intensamente despertadas, o que pode levar a alguma cura. A sua imaginação tem o poder de ser vasta. Seu desafio é usá-la a seu favor, e não contra você.

POR QUE ASTROLOGIA?

MOMENTOS E IDADES IMPORTANTES MARCADOS POR SATURNO

O retorno de Saturno pode ser o evento principal, mas a seguir está uma lista de outros marcos importantes. Muitas pessoas me perguntam se o retorno de Saturno delas pode acontecer mais tarde, ou mais cedo. Apesar de isso não acontecer, é possível que elas estejam recebendo uma visita do grande planeta. E do seu antecessor, o retorno da Lua progredida — que pode ter a mesma intensidade e acontece aos 27 anos.

Marcos astrológicos saturninos	Idade
Oposição de Saturno Nós nos tornamos conscientes das figuras de autoridade que nos cercam e começamos o processo de individualização. Essa costuma ser a fase em que passamos a nos rebelar contra nossas autoridades principais (pais, família) de formas sutis. É quando começamos a desejar nos encaixar nas normas da sociedade (mídia, expectativas de grupos de amigos) em vez de seguir a visão da nossa família.	13-14
Segunda quadratura de Saturno *(a primeira é aos 7 anos)* Já nos sentimos prontos para explorar nossa identidade no mundo. Esse costuma ser o período em que começamos a nos distanciar de amizades	20-21

O RETORNO DE SATURNO

que parecem muito confortáveis. É aqui que buscamos amizades que desafiem nossas visões ou nos ajudem a crescer. Formamos opiniões políticas mais sólidas e passamos a explorar nossos valores. Ansiamos pela liberdade de ter experiências e de descobrir qual é a nossa identidade verdadeira.

Retorno da Lua progredida *(preparação emocional para o retorno de Saturno)* Tempo de descobrir o que é emocionalmente recompensador. Relacionamentos (platônicos e românticos) são o foco principal dessa fase. Nós ansiamos por um período mais simples, em que as coisas eram feitas porque nos traziam alegria e pareciam menos complicadas. É nessa época que muitas pessoas se acomodam em relacionamentos confortáveis, porque estão emocionalmente vulneráveis. Outros fazem o oposto e percebem que não querem mais as mesmas coisas. Eles até começam a cogitar terminar um relacionamento (o que frequentemente é instigado pouco antes ou no meio do retorno de Saturno). O retorno da Lua progredida enfatiza a saúde mental e o bem-estar emocional. É quando olhamos para a maneira como cuidamos do nosso mundo interior. Estamos reprimindo emoções e necessidades de saúde mental em favor de buscas mais materialistas? É um momento em que começamos a nos aventurar espiritualmente ou a buscar terapia. Aqui, queremos descobrir nossas feridas de infância. É uma fase que pode parecer ainda mais emocionalmente exaustiva	27-28

POR QUE ASTROLOGIA?

se tivermos tendências escapistas. Mais do que em qualquer outro momento, devido à nossa vulnerabilidade emocional, é crucial estar cercado de pessoas compreensivas e cortar indivíduos e hábitos que nos suguem. *Mais informações na introdução de "A morte do ego e o vazio fértil", na Parte 2.	
Retorno de Saturno Durante esse período, reavaliamos nosso crescimento até então. Olhamos para nossas primeiras figuras de autoridade e as que vieram depois (chefes, governo) e nos perguntamos o quanto suas vozes ainda assombram nossas decisões. Nós nos preparamos para explorar um estilo de vida que pode trazer mais responsabilidades, ou finalmente entendemos que somente nós temos autoridade sobre nossa vida. Isso significa que precisamos passar a aceitar a responsabilidade pelos nossos atos para nos tornarmos mais autênticos com nossa autoexpressão e valores. O retorno de Saturno é o trânsito mais inquietante de Saturno, porém mais terapêutico, quando os outros não foram completamente explorados e reprimiram nossa autenticidade. Também curamos dores e feridas que vieram à tona durante o retorno da Lua progredida (trânsito anterior).	29-30
Terceira quadratura de Saturno e idade de amadurecimento de Saturno na astrologia védica Esse é outro trânsito importantíssimo de Saturno, que parece mais libertador do que os anteriores. Ele nos	35-36

O RETORNO DE SATURNO

lembra do nosso livre-arbítrio e nos dá a coragem de implementá-lo por completo. Se o retorno de Saturno nos mostra que temos controle sobre nós mesmos, então a terceira quadratura de Saturno integra esse conceito ao nosso ser. Nós finalmente nos sentimos adultos de verdade e não buscamos autoridades ou opiniões de fora.

Decisões pessoais ou profissionais controversas acontecem por volta dessa idade. Algumas pessoas se casam com o amor da sua vida, algumas largam o emprego e voltam a estudar, algumas encontram coragem para se mudar para o lugar dos seus sonhos. Existe uma positividade verdadeira cercando esse trânsito, mesmo que seja acompanhada por escolhas e acontecimentos pesados.

Algo nesse período nos passa a sensação de que estamos seguindo nosso destino de verdade. Ele nos oferece a habilidade de alcançar o amor mais difícil de todos: o amor-próprio. Escolher a si mesmo acima dos outros. Nesse momento, nós transcendemos completamente restrições autoimpostas, mas o livre--arbítrio impera. Algumas pessoas ainda sentem que estão sendo restringidas por crenças autolimitantes, que acabam sendo confrontadas em sua totalidade na segunda oposição de Saturno (a seguir).

Segunda oposição de Saturno	44-45

Costuma ser chamada de crise de meia-idade. Tudo volta a ser questionado, especialmente se escolhemos suprimir nossas necessidades desde a passagem do retorno de Saturno ou da terceira quadratura de

POR QUE ASTROLOGIA?

Saturno. Algumas pessoas podem sentir que perderam o controle (autoridade) sobre sua vida. Elas percebem que muitos dos seus desejos e esperanças não foram explorados, que dirá realizados.

Pode ser um período tão inquietante e desconfortável quanto o primeiro retorno de Saturno devido à consciência de que "o tempo está passando" e de que podemos perder a oportunidade de reencaminhar a vida de acordo com nossos desejos. As pessoas que aproveitaram a oportunidade de escolher a autenticidade na época do seu retorno de Saturno ou da terceira quadratura de Saturno simplesmente vão conquistar mais autoridade sobre suas vidas e explorar com mais profundidade as diferentes ideias, camadas e emoções que essa vida oferece.

Segundo retorno de Saturno	59-60

Aqui, sentimos uma necessidade urgente de desenvolver nosso legado neste mundo. Queremos olhar além da nossa unidade familiar ou ambiente profissional e seguir para outros objetivos a serem conquistados. Para algumas pessoas, isso significa se preparar para a aposentadoria a fim de viajar pelo mundo, ou finalmente comprar a casa de praia para a qual juntamos dinheiro.

No entanto, esse retorno de Saturno também tem objetivos diferentes. Um deles é nos tornarmos mais altruístas. Não conseguimos fugir do desejo insistente de garantir que nossa voz seja ouvida de alguma forma, então podemos nos envolver em uma causa para a qual nunca tivemos tempo antes. Ou talvez optemos por contribuir para nossa comunidade ou para algum fim humanitário.

O RETORNO DE SATURNO

> Com frequência, esse período pede atenção na saúde. Passamos a levar mais a sério os checkups médicos, e muitos podem adotar estilos de vida mais saudáveis. Alguns também redefinem as expectativas que têm de amizades e relacionamentos, preferindo até mesmo mudar as coisas para a melhor. Esse trânsito de Saturno pode parecer mais libertador do que restritivo se deixarmos a intuição guiar nossas escolhas.

Há muitas informações por aí, mas essa tabela oferece uma visão geral dos outros trânsitos importantes de Saturno, que podem trazer muitas revelações quando você passar por eles. O seu retorno de Saturno pode ser o acontecimento principal, mas o planeta tem muitos momentos marcantes ao longo da sua vida!

Por mais que todos nós nos deparemos com experiências parecidas durante o retorno de Saturno, se você quiser ter uma noção mais pessoal sobre a maneira como será afetado, o ideal é observar a posição de Saturno no seu mapa. Por exemplo, Saturno está na minha Casa Três, no signo de Capricórnio. A Casa Três é conhecida como a casa da comunicação, naturalmente regida por Gêmeos. No meu caso, a manifestação da sua sombra é meu hábito de gerar opiniões polarizadas e duvidar de mim mesma. Eu posso acabar me convencendo a abandonar grandes ideias ou desistir quando a situação fica difícil, por ser perfeccionista demais.

POR QUE ASTROLOGIA?

O meu desafio é permanecer no caminho, me comunicar e me expressar quando as coisas ficam difíceis. É aprender a lidar com conflitos. Não é coincidência o fato de que, após o retorno de Saturno, minha carreira se tornou focada em comunicar e compartilhar informações, e em construir uma comunidade autêntica. Tanto no sentido profissional quanto no pessoal, senti um desejo profundo de comunicar a minha verdade, ao mesmo tempo que tinha dificuldade em fazer isso.

Para as pessoas com Saturno em Capricórnio, há uma questão coletiva em relação à autoridade. Outra característica é um nível de exigência impossivelmente alto. Você se sente mais confortável censurando sua ambição e sucesso material, porque desistir passa a sensação de estar no controle.

O controle pode se tornar uma força impulsionadora e destrutiva na sua vida, talvez se tornando limitante. Portanto, Saturno pode destruir suas ilusões a respeito de regular o seu entorno para que você consiga se render e entender que a necessidade de controlar tudo é causada pelo medo. As pessoas com essa posição em Capricórnio são muito ambiciosas, mas lutam para vencer esse seu lado. Há uma tendência a se julgar demais, fazendo você se convencer a desistir de coisas que poderiam ser boas.

Por esse motivo, tenho muitos projetos que abandonei porque disse para mim mesma que não eram bons o suficiente. Permiti que a síndrome da impostora ou minha tendência à autossabotagem interferisse. Por fim, existe o medo de tentar algo e fracassar. Após o retorno de Saturno, me tornei mais gentil comigo mesma e entendi que é egoísta segurar as coisas dentro de mim. A responsabilidade é um tema importante; se responsabilizar pelo próprio sucesso e pelos próprios fracassos pode ser igualmente assustador, e é comum não estarmos prontos para fazer isso antes do nosso retorno de Saturno.

O medo do fracasso, do modo como eu senti, pode ser uma questão persistente na sua vida, e você pode tentar se proteger dos riscos de não conseguir alcançar o sucesso — um mecanismo de defesa comum que acaba sendo extremamente limitante. O temor de fracassar pode roubar suas oportunidades, tanto profissionais quanto pessoais. Ele pode se manifestar na incapacidade de se comprometer por completo por medo de um potencial resultado negativo, fazendo você passar o tempo todo pensando em catástrofes e procrastinando. Ao seu modo, Saturno nos lembra de que, como a pesquisadora Brené Brown diz em seu livro *Mais forte do que nunca*, "podemos escolher a coragem ou podemos escolher o conforto, mas não podemos ter as duas coisas".

Você se lembra daquele professor chato da escola, que vivia pegando no seu pé para você melhorar, chamando a

POR QUE ASTROLOGIA?

sua atenção na aula porque, em resumo, acreditava no seu potencial e queria o seu sucesso? Aquele tipo detalhista que, para falar a verdade, você só queria mandar "ir se danar" na maior parte do tempo? Bom, Saturno é meio assim. Ele vai pegar no seu pé. Ele vai exibir em um espelho as suas partes que você não consegue enxergar. E, se você estiver vivendo fora do seu alinhamento, ele vai colocá-lo de volta no lugar.

Saturno pode ser uma força disruptiva na vida. Exatamente por esse motivo sua reputação dele não é das melhores. Conhecido como o "grande maléfico" ou o "ceifador", ele pode fazer algumas pessoas se tornarem quase "saturnofóbicas" com relação à sua chegada; essa não é a intenção deste livro. Mas devo admitir que, em certos momentos do meu retorno de Saturno, fiquei me perguntando por que aquilo estava acontecendo comigo!

Tenho consciência de que isso aconteceu por causa de uma mentalidade vitimista, e não por culpa de Saturno. Ele aumenta nossa força de vontade e resiliência, mas nos conduz em uma dança: se aprendermos a exercer a autodisciplina e a consciência, paradoxalmente vamos receber mais liberdade e mais recompensas. No entanto, se não usarmos essa energia para moldar nossa vida, seremos forçados a fazer isso.

O RETORNO DE SATURNO

O *I Ching*, um antigo texto-oráculo chinês, diz que "caos é sinônimo de oportunidade". Algumas coisas dão errado para que coisas melhores aconteçam — e eu garanto que existe um sentido nisso. Então, se você estiver passando por uma crise envolvendo Saturno, garanto que uma revelação está a caminho.

Aprender mais sobre o retorno de Saturno e seus efeitos pode oferecer algum consolo se você estiver passando por uma fase turbulenta, assim como alguma orientação para enfrentar o mundo e o cosmos ao seu redor. Isso mostra que nem tudo é tão aleatório assim, no fim das contas. Mais importante, mostra que não estamos sozinhos.

A astrologia me deu base e me ajudou a compreender a mim mesma. É um mapa e uma linguagem que me ensinaram a dar mais significado à minha vida. Não sou nem de longe especialista no assunto. Simplesmente a utilizo como uma ferramenta para autoconhecimento e desenvolvimento pessoal, algo que valorizo demais. E, se você estiver lendo este livro, acredito que também seja o seu caso.

Podemos dominar nossos pensamentos e assumir a responsabilidade por nós mesmos. Com frequência, aquilo que atraímos na vida vem de crenças, pensamentos e conflitos internos limitantes e subconscientes. Este livro tem como objetivo ajudar você a compreender o seu mundo interior e

POR QUE ASTROLOGIA?

a maneira como ele influencia suas ações e experiências. A astrologia é um mapa que nos ajuda a compreender melhor o próprio eu. A adversidade promove o crescimento, então aspectos, trânsitos ou posições difíceis são oportunidades para evoluirmos. É importante conhecer nossos pontos fortes, mas conhecer nossas fraquezas oferece as mesmas vantagens. Todo mundo tem um calcanhar de Aquiles.

PARTE 2

A morte do ego e o vazio fértil

Descobri que, quando sou eu mesma por completo e me
abro mais sobre minhas vulnerabilidades, estabeleço
conexões mais profundas com outras pessoas.

Elizabeth Day

A perspectiva astrológica de Noura:

*Conforme nos aproximamos do retorno de Saturno, primeiro
passamos por outro ciclo importante: o retorno da Lua progredida. Ele acontece entre os 26 e os 27 anos, e dura cerca de
dois anos. Nesse período, somos preparados para criar espaço
mental para as lições e oportunidades mais concretas de crescimento que o retorno de Saturno traz.*

*A Lua no mapa astral representa o subconsciente, o con-
forto emocional, as necessidades emocionais, as lembranças
de infância, as feridas emocionais, o estado mental, o cuidador principal, figuras maternas e a mãe interior. Assim,
quando a Lua no mapa progressivo (veja a tabela "Momentos
e idades importantes marcados por Saturno", nas páginas
59-64) volta para sua posição natal, respostas emocionais são
acionadas em nosso ambiente atual. É como o que acontece*

O RETORNO DE SATURNO

quando uma criança de 2 anos e meio acorda de uma soneca demorada após uma viagem de carro, percebe que está longe de casa, em um ambiente completamente estranho, e precisa ser reconfortada por seu cuidador principal até se acostumar com o novo lugar. Em comparação, uma criança de 6 anos ficaria empolgada por ter finalmente chegado. Ela estaria mais preocupada em explorar e se divertir com atividades que trazem felicidade e estão alinhadas com suas vontades.

Durante o retorno da Lua progredida, nossa criança interior desperta e basicamente tem um diálogo interno com nossa versão adulta. Ela quer saber se vamos prestar atenção nas suas necessidades emocionais e se vamos saciá-las. Com isso, nós nos lembramos de buscar alegria e cura, para termos a oportunidade de redescobrir os desejos verdadeiros do nosso coração e o que nos fornece conforto emocional.

Isso não significa que devemos basear nossas decisões em feridas da infância. Na verdade, nós somos lembrados de que estamos alcançando a maturidade emocional. Somos impulsionados pelo subconsciente, pela nossa mãe interior, percebendo que temos oportunidades a desvelar. Não apenas os desejos da nossa criança interior, mas também suas feridas. Aos poucos aprendemos a diferenciar essas duas coisas e tentamos tomar decisões com base em desejos verdadeiros do nosso coração e não de uma mágoa.

Levando em consideração que a Lua é o planeta associado à saúde mental, para muitos de nós esse é o momento em que

A MORTE DO EGO E O VAZIO FÉRTIL

precisamos confrontar pela primeira vez os comportamentos, estilos de vida, amigos ou parceiros que afetam nossa saúde mental de maneira negativa. Se não honrávamos nosso bem-estar emocional antes, agora vamos embarcar em uma jornada para encontrar uma vida mais saudável, mais sã e mais enriquecedora emocionalmente.

Isso pode significar comprar livros de desenvolvimento pessoal, marcar uma consulta com um terapeuta, explorar sua espiritualidade ou simplesmente pedir ajuda se for necessário. Por outro lado, quando não estamos prontos para encarar nossas escolhas e a necessidade de cura da nossa criança interior, podemos acabar cedendo a hábitos reconfortantes nocivos e a comportamentos escapistas. O retorno de Saturno nos confronta a respeito deles com um puxão de orelha cruel.

Se estivermos desalinhados com aquilo que é melhor para nosso projeto de vida e bem-estar, a fase de sombra do retorno de Saturno pode parecer uma morte da nossa identidade. Tudo que associávamos a nós mesmos e que não apoiava nossa versão autêntica — a que a criança (ferida) interior esperava se tornar — começa a cair por terra. Estamos sendo preparados para um recomeço total, para construir uma base sólida para a chegada do retorno de Saturno.

Isso pode significar enfrentar um rompimento arrasador com a pessoa que, no fundo, sempre soubemos que não era certa para nós, ou perder um emprego que escolhemos para alimentar nosso ego. Também é possível perder "amigos" que

O RETORNO DE SATURNO

mostraram quem realmente eram quando estabelecemos limites mais firmes ao começarmos a mudar nossas prioridades. Porém, com mais frequência, acabamos descobrindo que nossos desejos não se baseavam na nossa verdade, mas nas normas da sociedade que internalizamos. Reconhecemos o retorno de Saturno quando sentimos a pressão e o chamado para reconstruir nossa identidade e nossa autoconsciência a serviço de uma personificação mais autêntica da nossa alma.

***

Quando era mais nova, fiquei um pouco famosa por participar de um *reality show* que se passava em Londres chamado *Made in Chelsea*. A série acompanhava a minha rotina e a de outros jovens de vinte e poucos anos morando em West London, a abastada zona oeste de Londres, e encarando os desafios e as alegrias do começo da vida adulta. Esse gostinho da fama foi suficiente para aumentar meu apetite por ela. A fama é engraçada. A menos que seja consequência de um talento, ela é vazia e não significa nada. Ela momentaneamente infla o ego, e o faz murchar com a mesma rapidez.

Passei alguns anos acreditando que a fama era a resposta. Uma vida construída e baseada na validação externa me convenceu de que ela me proporcionaria o pertencimento

A MORTE DO EGO E O VAZIO FÉRTIL

de que eu precisava. Nós vivemos em um mundo em que, mais do que nunca, as pessoas almejam serem famosas por nada, e a fama foi democratizada pelas redes sociais. A popularidade das redes põe em evidência nossa necessidade de aprovação, mas não há volume de seguidores ou curtidas suficientes para saciar sua ânsia por sentir que pertence a algum lugar. Não existe fama ou dinheiro capazes de fazer você sentir que é alguém, a menos que você acredite nisso primeiro.

Aos 27 anos eu ainda me guiava por essas crenças sobre mim mesma e o mundo. Achava que precisava ser perfeita, que precisava ser amada, querida e aceita por todo mundo. Eu achava que precisava dessas coisas para sentir que pertencia a algo. Nesse período (na idade em que eu passava pelo meu retorno da Lua progredida, como sei hoje), decidi deixar Londres e me mudar para Los Angeles. Assim como todos os outros românticos incuráveis que chegam à Cidade dos Anjos, eu também tinha grandes ambições e sonhos.

Também foi nessa fase que terminei um relacionamento com um homem maravilhoso que eu amava, e que me amava também, mas a relação não se encaixava mais na minha vida, e nossos caminhos não estavam mais alinhados. Ele queria começar uma família e se estabilizar, enquanto eu ansiava por liberdade. Além disso, eu tinha perdido meu amor por Londres. A cidade que eu chamava de lar desde pequena parecia corrompida. Por ter crescido em uma cidade como Londres, começando a frequentar boates aos 15 anos, talvez eu tivesse visto coisas demais enquanto ainda era jovem demais. O fantasma do meu antigo *reality show* me espreitava das esquinas. Assim como muitos ex-namorados.

Eu estava fugindo ou me encontrando? Talvez um pouco das duas coisas. Fugindo da responsabilidade de crescer e de ter um relacionamento sério. De uma vida estruturada e da realidade. Da vida em si. Sempre acreditei que a felicidade existisse fora de mim. Em uma pessoa, em um lugar. Em um destino que eu nunca conseguia alcançar. Aos 27 anos, eu não sabia quem era. Mas comecei a me tornar cada vez mais ciente de quem não era.

O conflito interno entre minha natureza verdadeira e essa criação ou versão de mim me causou muito transtorno. Eu sentia um vazio interior — que, no passado, frequentemente tentava preencher com drogas, álcool, comida ou amor. E me sentia sem objetivos. Esses pensamentos sobre propósito, significado e verdade, tanto novos quanto abstratos, giravam na minha cabeça. A mudança para outro país parecia uma solução óbvia. Acontece que, no fim das contas, sua sombra viaja com você.

Que outro lugar na Terra é um símbolo melhor de descobertas e da aparente perfeição do que Los Angeles? Los Angeles é um lugar onde a juventude e a beleza são as merca-

A MORTE DO EGO E O VAZIO FÉRTIL

dorias mais valiosas, e a fama é uma religião. Por esse motivo, a cidade costuma atrair pessoas atraídas pelo escapismo.

No começo me vi apaixonada pela cidade, com seu verniz resplandecente e seus habitantes resplandecentes. Nunca dava para saber o que esperava você na próxima esquina. O "sonho americano" é um elixir maravilhosamente inebriante nesse sentido, clamando por você. Às vezes era avassalador, porque eu me sentia tão instável. A vastidão de Los Angeles me fazia sentir à deriva no mar, junto com todos os outros sonhadores que gravitam até ela.

Naquela idade, eu costumava me sentir dividida entre o desejo de ser querida e o desejo de ser eu mesma. Minha identidade parecia ser baseada em invenção, ilusão, fantasia; moldada como uma máscara na tentativa de fugir da sensação de perda, rejeição e abandono. E isso, por sua vez, me fazia sentir que tinha abandonado a mim mesma em algum lugar pelo caminho.

Comecei a sentir um desconforto esquisito. Como se todas as feridas estivessem se abrindo novamente e ao mesmo tempo, e meus mecanismos de defesa tentassem reprimi-las, mas elas insistissem em voltar. Não que eu fizesse ideia do que estava acontecendo na época. Eu só sentia que minha vida parecia um castelo de areia que desmoronava ao meu redor. Em desespero, eu tentava reconstruí-lo, apenas para a maré chegar mais perto e levar outra parede embora. Eu repetia os mesmos erros o tempo todo, tanto no sentido pessoal quanto no profissional. Eu sabia que devia fazer as coisas de outro jeito, então por que não estava fazendo as coisas de outro jeito? Por que não aprendia?

Essas estratégias ou mecanismos de defesa podem cair por terra antes ou durante o retorno de Saturno. É uma morte completa da sua identidade, para você começar a reconstruir algo com base na verdade e na autenticidade. Para mim era difícil aceitar que minha vida era guiada pelos desejos dos outros. Era difícil reconhecer que eu havia passado tanto tempo sendo movida por validações externas.

Saturno estava prestes a me mostrar que eu precisava construir uma base de pedra. Que eu precisava ir com calma enquanto criava estruturas sólidas. Para tanto, ele iria derrubar meu castelo de cartas. Metáforas demais? Você entendeu — alguma merda ia acontecer.

Em Los Angeles, comecei a enxergar minha vida e as pessoas nela com mais objetividade. E o mais preocupante foi que enxerguei a mim mesma, e fiquei na dúvida se gostei do que vi. Desde que me entendia por gente, eu vivia como um camaleão, criando uma série de personagens, escolhendo quem iria encarnar a cada situação com que me deparava. Pairando por aí, encantando todo mundo que passasse pelo meu caminho.

Saturno foi se aproximando e atrapalhando minha paisagem emocional. Fui confrontada com aspectos sombrios:

A MORTE DO EGO E O VAZIO FÉRTIL

minha falta de disciplina, responsabilidade e estrutura. Os medos relacionados à minha carreira e aos rumos que eu seguia (ou não seguia). Expectativas não realizadas, fracassos. Amizades perdidas. A tristeza por essas perdas, sem saber o que fazer com ela. Eu me sentia perdida ao mar, sem nenhuma embarcação à vista.

A parte mais estranha dessas emoções é quão únicas e particulares elas parecem ser. Mas com o podcast eu aprendi que muitos de nós se sentem da mesma maneira. O impacto de Saturno passa a impressão de que estamos sendo partidos ao meio e, no meu mundo construído sobre um faz de conta, eu tinha medo de me abrir, desmoronar e descobrir que não havia nada dentro de mim. Saturno me perguntava: quais são as suas bases? Você está comprometida com a sua verdade? Mais importante: Quem é você, no seu âmago? E a verdade era que eu não tinha a menor ideia.

Caso você esteja começando a sua jornada pelo retorno de Saturno, ou passando pelo retorno da Lua progredida, e esteja se fazendo esses mesmos questionamentos, não se preocupe. Pode não parecer, mas você está onde deveria estar. A sua jornada consiste, no fim das contas, em ir removendo camadas até o seu eu autêntico ser revelado.

Saturno vai pedir que você estabeleça seus valores verdadeiros e vai colocar pressão nos pontos em que você deve evoluir. A compreensão do seu mapa vai ajudar você a se preparar para questões potencialmente dolorosas ou trânsitos complicados. Se eu soubesse disso naquela época, teria feito a mim mesma as seguintes perguntas:

- Que experiências você quer ter na sua vida?

- O que empolga você?

- O que você aprendeu com seus erros?

- Como eles ajudaram a construir a pessoa que você é hoje?

- O que você mais valoriza?

Tire um momento para responder a algumas dessas perguntas. O exercício pode gerar uma nova perspectiva e deve ser encarado com aceitação e boa vontade. Ele deve mostrar que seus erros e padrões de comportamento têm o propósito de definir quem você deveria ser neste mundo. E lembre-se de que, quando tudo parece incerto, qualquer coisa é possível.

Se eu fizesse esse exercício agora, começaria assim:

P: Que experiências você quer ter na sua vida?
R: Quero sentir que minha vida é cheia de mágica, criatividade e conexão. Quero sentir a liberdade de continuar descobrindo coisas novas que me empolgam.

A MORTE DO EGO E O VAZIO FÉRTIL

Use o espaço abaixo para escrever suas perguntas e respostas:

_____

_____

_____

_____

_____

_____

_____

_____

_____

_____

_____

_____

_____

_____

O RETORNO DE SATURNO

TRAJETÓRIAS DE CARREIRA E PROPÓSITO

A perspectiva astrológica de Noura:

Por ser o regente natural da Casa Dez da carreira (veja a página 38), Saturno tende a colocar a trajetória da vida profissional em foco durante seu retorno. Quando seguimos um caminho autêntico e não permitimos que o medo ou as expectativas de figuras de autoridade ou da sociedade que internalizamos nos impedirem de seguir uma carreira mais alinhada e fiel à nossa jornada, o retorno de Saturno traz oportunidades de crescimento. E nos ajuda a alcançar vários tipos de reconhecimento e contentamento durante esse período. No entanto, quando não somos intencionais em nossa trajetória, quando não seguimos nosso livre-arbítrio, o retorno de Saturno pode ser rígido (ou melhor, cruel) em sua chegada.

Para Saturno, não devemos trair a nós mesmos. Em vez disso, temos que nos oferecer um estilo de vida que não apenas seja confortável como também enraizado na realidade, com uma base forte. Saturno exige que você se torne mais autoritário consigo mesmo para cumprir sua missão profissional e pessoal, tendo autoconfiança e se afastando de decisões que provoquem autossabotagem.

A forte correlação entre Saturno, trabalho e disciplina nos lembra de explorar uma ocupação profissional em que real-

A MORTE DO EGO E O VAZIO FÉRTIL

mente possamos expressar nossas habilidades e capacidades, que serão desenvolvidas com o passar dos anos, beneficiando nosso ambiente direto ou a sociedade em geral. Todos nós somos parte de um todo, e o trabalho que fazemos precisa ser coerente com nosso papel autêntico no mundo. Isso permite que a harmonia faça parte da vida, tanto no sentido pessoal quanto no coletivo. Mesmo quando as coisas parecem estar desmoronando, isso só acontece para que elas possam se reencaixar de um jeito que seja autêntico para você, por mais que seja difícil.

* * *

Saturno, assim como a Terra, tem estações. Cada estação dura sete anos, por causa da distância entre Saturno e o Sol, então vale a pena refletir sobre os ciclos de sete anos que ocorrem antes do retorno de Saturno. Os vinte anos são glamorizados e vendidos para nós como a melhor época de nossas vidas, enquanto os trinta parecem ser descritos como o momento em que tudo se estreita — especialmente para as mulheres. Esse medo de envelhecer costuma ser mais intenso pouco antes e durante o retorno de Saturno, se amenizando depois que essa fase termina.

Aos vinte anos, damos os primeiros passos na vida adulta, mas sentimos que temos todo o tempo do mundo. Nós somos jovens. Devemos ser despreocupados e nos divertir. São dias tranquilos de juventude e de ambições desmedidas. Porém, na véspera do nosso aniversário de 30 é esperado que tenhamos a vida toda resolvida. Se não encontrarmos nosso propósito definitivo até lá, estaremos fadados à desgraça eterna. Talvez pareça um pouco dramático, mas era assim que eu me sentia.

No início dos vinte anos nós dizemos para amigos que se não casarmos com ninguém até os trinta, vamos casar um com o outro. Como se isso fosse um ato de companheirismo — salvar a si mesmo e a seu amigo do exílio social e da vergonha. A maioria das pessoas tem medo de fazer 30 anos. Muitas delas até choram no dia do aniversário. Elas ficam em pânico. Como se essa idade significasse o fim! Mas o fim de quê? Da juventude, talvez. Mas *bon voyage*, juventude. Você não é tão divertida quanto dizem por aí. Quando fiz 30 anos, foi muito agradável descobrir que 1) eu não morri, 2) a vida não tinha acabado, e 3) eu não havia me tornado socialmente excluída por estar solteira e basicamente desempregada. Até agora, minha fase dos trinta anos tem sido maravilhosa. Eu não voltaria para os vinte por nada neste mundo, mas, pelo bem deste livro, vamos fazer isso.

Como mencionei, no começo dos meus vinte anos, estrelei um *reality show*. Não foi um primeiro emprego comum, e me fez passar pelos percalços que levam ao amadurecimento sob o olhar do público, com tudo virando fofoca e sendo para sempre imortalizado nos arquivos do *Daily Mail*. Foi assim que meu ciclo de sete anos começou.

Eu me lembro de estar sentada no camarim da icônica casa de shows The Troubadour, em Earls Court. Eu estava me maquiando na frente do espelho, me preparando para minha primeira apresentação da vida enquanto um cinegrafista estava sentado atrás de mim, registrando o momento. Minha melhor amiga, Millie, entrou e se sentou ao meu lado.

— Você está pronta? — perguntou ela.

Nós estávamos filmando o primeiro episódio do programa que eu estrelaria por duas temporadas antes de abandoná-lo de repente. Com 21 anos, eu tinha acabado de me formar na escola de teatro The Lee Strasberg, em Nova York, onde havia morado e estudado por um ano.

Durante esse período, eu passava pela minha quadratura de Saturno (página 59). Você deve se lembrar de que essa é a transição em que nos sentimos prontos para explorar nossa identidade pela primeira vez. Só que, para uma garota de 21 anos, aquela experiência era um batismo de fogo. Assim que o primeiro episódio foi ao ar, meu mundo virou de cabeça para baixo. Do nada nós aparecíamos em todos os jornais. As redes sociais começavam a ganhar força, e havia paparazzi enfiando câmeras embaixo da minha saia na porta de boates.

O RETORNO DE SATURNO

Os tabloides eram insaciáveis. Minha vida pessoal, agora parte do domínio público, era o prato do dia, e eu não me importava. Esse era o preço a pagar pela fama instantânea. Ter Londres como meu quintal tinha um novo significado. Nós tínhamos um público e pessoas documentando tudo que fazíamos.

Eu devia estar grata, mas meus sentimentos eram conflitantes. Sempre que alguém me mandava mensagem no Twitter ou me abordava na rua para elogiar o programa, meu estômago embrulhava. Isso me fazia questionar se eu tinha desejado as coisas erradas. Meu histórico sempre foi ir atrás da gratificação instantânea, da solução rápida. Do atalho, do caminho mais curto.

Na época, eu media meu valor de acordo com a opinião de outras pessoas a meu respeito. Meus vinte anos foram impulsionados pela validação externa. Naquele mundo, era fácil manter uma imagem de mim mesma que erradicava todas as verdades que eu preferia esconder. No entanto, depois de um tempo passei a me ressentir dessa criação. Eu lia sobre mim mesma e quase acreditava que estavam falando de uma pessoa completamente diferente. Uma entidade distante de mim.

Meu desdém por essa versão de mim aumentou. Para quem via de fora, minha vida ia bem. Eu estava ganhando

A MORTE DO EGO E O VAZIO FÉRTIL

dinheiro, sendo "famosa" por nada, frequentando festas e me divertindo para valer. Mas aquela outra versão de mim estava saindo de controle. Como se fosse o monstro tomando o lugar do médico. Eu estava tentando me autodestruir. Meu comportamento se tornou mais inconsequente. Comecei a perder trabalhos, a faltar a compromissos. A ser extremamente irresponsável no geral. Em grande parte, isso acontecia porque eu vivia na farra. Mas era um sintoma de algo mais profundo.

Conforme as duas versões de mim se tornaram mais polarizadas, me aprofundei na autossabotagem. Minha versão inventada estava passando na frente do meu eu verdadeiro, e fiquei com medo de desaparecer completamente se continuasse seguindo por aquele caminho. Eu tinha passado tanto tempo desejando desaparecer em outras fases da minha vida, e agora a fama fazia isso acontecer. Meu comportamento era tão normalizado nos ambientes que eu frequentava que era difícil entender que havia algo errado. Eu sabia o rumo que estava seguindo, a direção em que as coisas iam. E a probabilidade de criar vícios seria bem alta se eu continuasse naquele rumo.

Então, aos 23 anos, fui para a Austrália nas férias de Natal com Oliver Proudlock, meu colega de elenco, depois de encerrar as filmagens da segunda temporada de *Made in*

Chelsea. O programa estava crescendo, assim como minha exposição, e tudo parecia fora de controle.

Enquanto eu estava fora, decidi sair do programa no momento em que ele chegava ao auge. Mandei um e-mail para a produtora-chefe explicando minha decisão. Eu esperava que a Terceira Guerra Mundial tivesse início por causa disso e seria com razão. Ela havia me transformado na estrela do programa, e eu me sentia ingrata por querer largar tudo. Mas sua resposta foi tranquila e compreensiva, e ela me pediu para marcarmos uma reunião quando eu voltasse para Londres.

Quando retornei, lembro que peguei o metrô para os escritórios da NBC. Tanto a produtora quanto o presidente da emissora estavam lá. Ele tinha vindo de Los Angeles e queria conversar sobre a minha decisão. Depois de fingir estar calma e no controle da situação, entendi que aquela reunião, na verdade, era uma missão para me convencer a ficar. Ele usava um terno caro, exibia unhas bem-cuidadas e era charmoso. Apesar de eu não saber nada sobre ele, ele sabia tudo sobre mim. Ele começou a falar sobre todas as possibilidades para o meu enredo no programa, sobre as portas que poderia abrir para mim em Los Angeles. Tudo aquilo parecia empolgante, mas eu já estava decidida.

— O problema é dinheiro? Porque, se for... — começou ele.

A MORTE DO EGO E O VAZIO FÉRTIL

Então minha produtora o interrompeu.

— A questão não é dinheiro.

Ela já me conhecia bem àquela altura, e estava certa.

— Então o que você quer? — disse ele, em um tom desafiador.

Pensei por um instante antes de responder:

— Normalidade.

Ele abriu um sorriso astuto para mim e disse:

— Querida, pode acreditar: normalidade não é tudo isso.

**Uma grande lição que aprendi com Saturno
foi que o banco cármico do universo
não desperdiça um centavo.
Tudo volta, de um jeito ou de outro.**

Nunca vou me esquecer dessa resposta. Talvez ele até tivesse razão! Mas, naquele momento, eu me sentia como um balão de ar quente que saía voando sem corda nem qualquer meio de voltar ao chão. Parecia que eu não tinha controle sobre o meu destino — que não passava de uma espectadora, sentada no banco do carona, desconfortável, sem saber para onde me levavam. E, mesmo que eu pudesse conquistar mais fama e sucesso financeiro se continuasse no programa, acho que meu espírito não ficaria bem.

O RETORNO DE SATURNO

Se algo não cria raízes, não sobrevive à tempestade. É como dizem: tudo que vem fácil vai fácil. Saturno, em comparação, se resume a foco, empenho e persistência. Acho de uma beleza irônica que alguém tão pouco saturnino esteja escrevendo um livro sobre o assunto, mas é assim que Saturno funciona. Encarar e superar adversidades nos ajuda a criar algo interessante. Saturno não quer dificultar a vida de ninguém. Ele quer transformar dificuldades em força. É por isso que suas lições foram as mais valiosas para mim, porque pareciam tão diferentes.

Os dois anos que passei no programa foram um turbilhão. Cheios de altos e baixos intensos e dramáticos. Passei esse tempo vivendo loucamente, sem pensar, refletir nem tomar cuidado — nem quando se tratava de mim, nem quando se tratava dos outros, em certas ocasiões. O dia em que pedi demissão foi um momento de virada, e ainda me orgulho de ter tomado essa decisão. Também tenho consciência do privilégio imenso que foi ter aquela oportunidade. Muitas pessoas adorariam estar no meu lugar. Mas este livro fala sobre uma jornada rumo à autenticidade, e isso requer tomar decisões que nem todo mundo entenderia.

Olhando para trás com, *espero*, mais sabedoria agora, eu teria me aconselhado a agir de maneira um pouco diferente. É um conselho que compartilho aqui. Se você quiser tomar

A MORTE DO EGO E O VAZIO FÉRTIL

uma decisão ousada, fantástico. Mas tenha um plano. Quando participou do podcast *Saturn Returns*, Lacy Phillips, uma reconhecida consultora na área de manifestações, descreveu isso como ter um "fundo do f*da-se". Ou seja, quando você tomar aquela decisão ousada de pedir demissão (que foi basicamente o que eu fiz) ou começar algo novo, tenha economias equivalentes a três meses de renda para se sustentar durante esse tempo enquanto você segue seu rumo e vai atrás dos seus sonhos. E, quando você diz um "f*da-se" metafórico para o presidente de uma emissora e dispensa um programa de televisão de sucesso, é melhor ter a droga de um plano.

Eu não tinha. Eu não tinha agente, não tinha empresário. Não tinha um plano de verdade, mas, quando entrei no metrô para voltar para casa, eu sabia no fundo da minha alma que havia tomado a decisão certa. Só não sabia o que fazer depois disso.

Sem um plano, você corre o risco de vagar pelo nada. Por outro lado, um plano oferece um caminho. Então lá fui eu vagar por aí. Nos sete anos seguintes, segui uma longa jornada de autoconhecimento. Passei por várias carreiras, lancei uma marca de roupas chamada ISWAI, tive uma coluna de conselhos amorosos no jornal *Evening Standard*, compus e cantei músicas, participei de audições, me mudei para a

O RETORNO DE SATURNO

Austrália, depois para Los Angeles. Eu me sentia perto de conquistar as coisas, mas não conseguia me conectar. Era como se algo me segurasse. E, conforme o tempo foi passando, comecei a achar que estava ficando para trás. Parecia que todo mundo atrelava algum tipo de significado e estrutura à sua vida, e eu permanecia acorrentada ao passado, aos meus medos e limitações imaginárias.

Quando voltei para Londres, com quase 30 anos, eu me sentia perdida. Na época eu não sabia, mas aquela sensação era uma oportunidade de me encontrar *de verdade*. E ninguém melhor do que Saturno para levar você de volta para casa.

A sombra de Saturno pode se manifestar por meio do medo. Muitas das minhas decisões foram guiadas pelo instinto e pela intuição, especialmente quando eu era mais jovem, mas, conforme fui envelhecendo, o medo foi tomando conta e sabotando as coisas. Isso ainda é algo que preciso aprender a equilibrar, sabendo que o medo serve para me proteger, mas também atrapalha. Quando estamos seguindo por um caminho que outras pessoas não conseguem enxergar, ou que questionam, o medo nos orienta a voltar atrás, porque ele também questiona o desconhecido, aquilo que não é familiar. Ele cria narrativas falsas para explicar essas coisas.

A MORTE DO EGO E O VAZIO FÉRTIL

Na estrada para a autenticidade, o medo é a antítese da fé de que precisamos.

Talvez seja por isso que o retorno de Saturno chega exatamente no momento certo, ao fim dos vinte anos, depois de você reunir essas experiências. Ele permite que você tenha o conhecimento necessário para se tornar mestre do próprio destino, porque, para se sentar no banco do motorista, é necessário desafiar um pouco o status quo. Com frequência, para construir sua autoridade e entender o seu próprio valor, você precisa se sentir impotente e passar por dificuldades primeiro. Essas coisas virão com a idade, e frequentemente após o retorno de Saturno. É por isso que as pessoas subitamente se tornam mais dedicadas e começam a acreditar em si mesmas depois dessa fase.

É maravilhoso ser alvo da confiança dos outros, mas acredite em mim: isso não é suficiente se você não confiar em si mesmo. Já recebi muitas oportunidades ao longo da vida. Reconheço que tive sorte, mas me faltava autoconfiança para aproveitar essas chances. Felizmente, as duras lições de Saturno me permitiram desenvolver autodisciplina, autoconfiança e amor-próprio. Com esses princípios, consigo ter uma vida recompensadora e autêntica.

O RETORNO DE SATURNO

MUDANÇA E DESAPEGO

A perspectiva astrológica de Noura:

Um estágio comum durante o retorno de Saturno ou um trânsito de Saturno é a sensação de alívio. Como se tivéssemos chegado ao nosso destino. Nós conseguimos respirar e relaxar; sentimos que o pior já passou. Nós testemunhamos as lições, ouvimos as lições, aprendemos as lições, e agora estamos desesperados para deixá-las para trás. Conforme a poeira começa a baixar e a vida se torna enganosamente calma, nos deparamos com a próxima fase do retorno de Saturno, que é a aplicação das lições. É quando precisamos encarar as seguintes questões:

- *De que maneira antigas crenças e abordagens sobre a vida ainda nos influenciam?*

- *Estamos mesmo prontos para o próximo capítulo da vida?*

- *Nós passamos no teste?*

- *O quanto ainda nos importamos com a visão da sociedade sobre decisões individuais que nos ajudam a crescer e nos trazem felicidade?*

A MORTE DO EGO E O VAZIO FÉRTIL

Bom, é agora que vamos descobrir. Esse período pode parecer tão inquietante quanto os estágios iniciais, simplesmente porque subestimamos o quanto alguns dos nossos comportamentos e expectativas estão entranhados. Não entendemos o quanto é difícil permanecer fiel ao nosso caminho em todos os momentos.

Conforme passamos por essa etapa, que pode surgir na forma de um obstáculo no trabalho, em casa, ou em busca de um objetivo que determinamos para nós mesmos, aprendemos a necessidade de nos rendermos e a virtude de ouvir a voz-guia da intuição. Aos poucos desenvolvemos essa virtude e nos desapegamos do passado enquanto abraçamos o presente, superando o obstáculo ou a experiência que engatilhou tudo.

***

Acredito que um componente importante para lidarmos com as águas turbulentas da vida, dos relacionamentos e do retorno de Saturno é mudar o modo como encaramos as mudanças. Elas são uma das poucas certezas da vida, afinal. E, embora possa parecer que esses acontecimentos não estão a nosso favor, acredito que a vida sempre nos leva em direção a algo melhor. Ela só quer nos ensinar algumas lições pelo caminho, nos enchendo da sabedoria necessária.

O RETORNO DE SATURNO

Para conseguirmos transformar nossa mentalidade sobre as mudanças, devemos aprender a seguir com a maré em vez de nadar contra ela. Mudanças nos fazem crescer, sejam elas boas ou ruins. Gosto da analogia de que chegamos ao mundo como barro, sem qualquer forma e limite. As dores e experiências pelas quais passamos são um processo necessário para nos tornarmos mais bonitos. Assim como a pressão da mão esculpe a argila, esse é o processo da nossa criação. O retorno de Saturno é isso; não podemos impedi-lo de acontecer. Então, é melhor mudarmos a maneira como o encaramos.

Pessoalmente, eu acredito que a astrologia pode ser útil nesse processo. Ter uma compreensão básica do seu mapa talvez ajude a aliviar sentimentos de culpa, vergonha ou arrependimento. Ela nos oferece uma visão geral da nossa vida, quase como um GPS que mostra as obras ao longo da estrada. Ou a previsão do tempo que anuncia uma tempestade. Só que a astrologia oferece significado.

Se conseguirmos abrir mão do controle, mas assumirmos radicalmente a responsabilidade sobre nós mesmos e nossas vidas, vamos encontrar a liberdade. Autoridade e autodomínio costumam ser conceitos desconhecidos para a maioria de nós antes do retorno de Saturno. Algumas pessoas até usam a astrologia como uma desculpa, um pretexto. Mas a astrologia não anula o livre-arbítrio. Nós sempre temos

A MORTE DO EGO E O VAZIO FÉRTIL

opções, e há vários caminhos que podemos seguir. As coisas não são imutáveis ou rígidas — elas são voláteis.

O fato de Mercúrio estar retrógrado não significa que tudo vai dar errado e que você não tem controle sobre sua vida nesse momento. E passar pelo retorno de Saturno não significa que tudo vai desmoronar ao seu redor enquanto você assiste sem poder fazer nada. A astrologia oferece um mapa da vida, destacando os pontos problemáticos e os trânsitos complicados. Ela deve ser usada em harmonia com o nosso sistema de navegação interno, confiando na intuição, no instinto. Precisarmos ser capazes de discernir as coisas por conta própria enquanto usamos essas ferramentas esotéricas para aprofundar nosso autoconhecimento.

AS COISAS DÃO ERRADO
(PARA QUE COISAS MELHORES DEEM CERTO)

Se eu pudesse dar um conselho para minha versão de 23 anos, seria o seguinte: o único passo errado é não dar passo algum. Não tenha medo de foder com tudo e estragar as coisas. Na fase dos vinte anos, colocamos pressão demais em nós mesmos para decidirmos tudo em relação à nossa vida inteira, quando, na verdade, ainda estamos nos descobrindo. Precisamos fazer burradas para que isso seja possível. Precisamos de conflito. Precisamos saber o que causa uma

O RETORNO DE SATURNO

sensação estranha para saber o que parece certo e alinhado aos nossos valores.

Em um mundo que parece praticamente imune ao sofrimento, não sabemos reconhecer os sinais interiores do nosso próprio desconforto. As pontadas ao longo do caminho. Nós nos desconectamos da nossa intuição, abafando o barulho. Quando nos aproximamos dos trinta anos, nos sentimos em uma encruzilhada. Esse é, sem dúvida, o momento mais desafiador da vida em se tratando de felicidade e autoconhecimento.

Pode haver um conflito entre escutar amigos, familiares e a sociedade e escutar a si mesmo. Essa tensão é boa, apesar de não parecer. Assim como o processo místico com que uma ostra cria uma pérola, Saturno é como o grão de areia no interior da ostra, causando atrito, forçando você a enfrentar desafios. Não sem motivo, mas para que evolua para algo mais refinado e belo. Você pode não sentir isso na sua rotina, mas, em longo prazo, o retorno de Saturno é uma pérola em formação.

Quando Saturno desestabiliza as coisas, faz isso para impulsionar você. No começo dos vinte anos, me distanciei de uma versão de mim que não parecia verdadeiramente alinhada com quem eu era, mas continuei buscando minha identidade em fontes externas. Por um lado, eu detestava que me dissessem o que fazer, quem eu deveria ser. Ao mesmo

A MORTE DO EGO E O VAZIO FÉRTIL

tempo, me faltava coragem para confiar no que eu queria para mim. Continuei a ser quem me mandavam ser.

Durante o período que passei em Los Angeles, eu estava focada na minha música, mas naquela indústria havia um monte de pessoas me impulsionando em direções diferentes. Dizendo que eu era velha demais para cantar música pop, sofisticada demais para as pessoas se identificarem comigo. Trabalhe com essa pessoa. Mude seu nome, seu estilo, seu som. Todo mundo tinha uma opinião diferente, mas ninguém me disse que não havia problema algum em ser eu mesma. O excesso de conselhos conflitantes e de barulho me deixava zonza. Por dentro, algo estava despertando.

À medida que Saturno se aproxima, começamos a sentir uma pressão intensa do tempo, e frustração. A consciência de que o tempo é um recurso limitado que pode acabar a qualquer momento, e o medo de que possamos estar perdendo oportunidades. Saturno implora que olhemos para o relógio. Seu símbolo é a foice de Cronos, que é o deus do tempo. Se estivermos desalinhados com aquilo que é certo para nós, a consciência do tempo pode ser uma das lições mais brutais de Saturno.

Toda a minha identidade e minha autoestima tinham se tornado tão dependentes do sucesso da minha música que, se aquela empreitada fracassasse, eu seria um fracasso. A ansiedade começou a crescer dentro de mim, o tempo parecia estar escapulindo pelas minhas mãos, a janela de oportunidade parecia estar se fechando bem diante dos meus olhos — e eu estava parada diante dela, imóvel e paralisada.

Um dia, dirigindo para o estúdio em Burbank, na Califórnia, a panela de pressão explodiu, e foi então que tive meu primeiro ataque de pânico. Ele foi causado por um acúmulo de fatores: o fato de estar longe de casa e da minha família, a insegurança pelo meu futuro profissional e o rumo que minha carreira seguia. O resultado foi um dilúvio de emoções. Eu chorava tanto que não conseguia respirar e precisei estacionar o carro. Minha mãe precisou me acalmar pelo telefone. Eu me esforçava para controlar tudo, só que, quanto mais fazia isso, mais fora de controle tudo parecia. Eu tinha a sensação de que nada na minha vida era certo e me sentia impotente. Como se estivesse esperando diante dos portões do meu destino, e ninguém me deixasse entrar.

Com frequência, o tempo que dedicamos a um objetivo acaba se tornando o único motivo para insistirmos nele. Apesar de fazer sentido, Saturno pode causar incômodo quanto a isso. Um relacionamento de vários anos não é um sucesso só porque durou muito tempo. E o fato de ele acabar também não o transforma em um fracasso. O mesmo vale para a busca por um emprego ou uma carreira. Temos dificuldade em nos dar liberdade para mudar de rumo. Saturno puxa a cortina dessa ilusão. No entanto, quanto mais

A MORTE DO EGO E O VAZIO FÉRTIL

eu persistia em buscar respostas fora de mim mesma, mais resistência encontrava. Quanto mais eu procurava, mais me sentia perdida. Saturno me incentivava a olhar para dentro.

Não demorou muito para eu decidir voltar para Londres e reavaliar as coisas. Eu precisava estar em casa, com minha família e os amigos próximos. Senti muita vergonha nesse período da vida. Parecia que, sempre que chegava perto de terminar alguma coisa, eu largava tudo no último minuto. Quanto mais perto eu chegava de lançar minhas músicas, mais ansiedade surgia, me convencendo de que eu não queria aquilo, me autossabotando das maneiras mais criativas. Apesar de não saber disso na época, eu estava sendo completamente guiada pelo medo. Medo do fracasso, de não ser perfeita, de me julgarem e de me ridicularizarem. Não consegui pensar em outra opção além de bater em retirada para minha casa. Hoje eu acho que aquilo foi o fundo do poço. E, parando para pensar, talvez tenha sido o começo de tudo.

FUNDOS DO POÇO E DESPERTARES ESPIRITUAIS

A perspectiva astrológica de Noura:

Saturno certamente pode atrasar ou causar o fim de certas situações, relacionamentos e planos que visualizamos para

O RETORNO DE SATURNO

nós mesmos. Ele só faz isso para que alcancemos a maturidade necessária para dar o próximo passo. Por outro lado, ele encerra as coisas porque aquilo que achávamos que queríamos não nos faria bem. Parece história para boi dormir, mas, como Saturno é velho, vou dizer: "Tudo acontece no tempo certo — o que é seu está guardado."

Isso nos leva a outro tema que o retorno de Saturno pode destacar: a arte do desapego. Quando você consegue se desapegar, é capaz de criar espaço para a verdade, então por trás da busca pela verdade universal está a motivação de personalizá-la de acordo com a sua vida, com a sua abordagem. Somos guiados para o passado, onde nitidamente começamos a desvendar padrões que pavimentaram o caminho até o fundo do poço emocional a que todos nós chegamos em algum momento durante o retorno de Saturno, mesmo que por pouco tempo.

A verdade que descobrimos durante essa noite sombria da alma é tudo de que precisamos para reconhecer o que nos causa alegria autêntica. E era aí que Saturno queria que chegássemos, mesmo que primeiro tivéssemos que passar pela destruição. O terreno fértil gerado nesse processo nos permite plantar sementes e cultivar nosso próprio jardim, onde vamos encontrar espaço para nos conectar com a criação e o divino por trás de tudo. Por sua vez, isso causa uma evolução espiri-

A MORTE DO EGO E O VAZIO FÉRTIL

tual e uma visão mais madura, séria e realista sobre os ciclos e temporadas da vida.

* * *

Voltar para Londres foi uma experiência estranha, como qualquer um que já tenha viajado e morado fora pode confirmar. Parece que tudo continua igual, apesar de você ter mudado em todos os sentidos. Eu tinha criado um grande trabalho em Los Angeles, com a ajuda das pessoas maravilhosas que conheci, mas agora havia chegado o momento de mostrar essa obra para o mundo. Apesar de eu ter cultivado a disciplina, sua sombra, seu inverso, o perfeccionismo, estava no controle. O perfeccionismo havia roubado tanta alegria de mim. Por trás dele sempre está o medo de não ser suficiente. Eu estava tão apegada à minha música que era quase impossível lançá-la. Inventei todas as desculpas possíveis e imagináveis. Desculpas que foram se extinguindo com o tempo.

No verão de 2018, resolvi lançar uma música de maneira independente, chamada "Here We Are Again". A canção falava de quando encontrei meu ex-namorado na beira do rio Tâmisa, na porta de um pub em Putney, quando eu tinha 27 anos. Eu havia escrito a letra com dois amigos em Venice

Beach. Depois de criar a parte visual e de produzir um vídeo no estilo "faça você mesmo", lancei a música no dia 4 de julho de 2018. Eu estava de férias com meu irmão na época, viajando pela Itália. Eu me lembro de estar sentada em uma fazenda nas colinas da Toscana, tentando desesperadamente acessar o Wi-Fi para ver se alguém tinha escutado a música. (Não foi o plano mais brilhante para o lançamento de uma canção.) Naquela tarde, saímos para fazer uma caminhada e eu me vi em pânico. Ter lançado a música me dava a sensação de estar vulnerável e exposta.

— O que você precisa fazer? O que você quer que aconteça? — perguntou meu irmão.

— Quero entrar na lista do *New Music Friday* [Música Nova às Sextas, em tradução livre] — respondi.

— Como se faz isso?

— Não tenho a menor ideia.

Algumas horas depois, eu estava trocando de roupa no meu quarto quando recebi uma mensagem de WhatsApp. Era alguém da indústria da música com quem eu não falava havia anos. "Parabéns pela colocação no *New Music Friday*!", dizia a mensagem. O quê?! Abri o Spotify e lá estava: "Here We Are Again". Não apenas no *New Music Friday* do Reino Unido e dos Estados Unidos, mas do mundo todo!

De repente, o número de reproduções foi aumentando — cem mil, duzentos mil, trezentos mil. Eu recebia mensagens

A MORTE DO EGO E O VAZIO FÉRTIL

de fãs me dizendo o quanto tinham gostado da música, o que tinham sentido ao ouvi-la. Sinceramente, foi um dos melhores dias da minha vida, e eu caí no choro. Não conseguia acreditar. Por que tinha passado tanto tempo hesitando e me segurando? Deixei de fazer algo que amava por anos porque fiquei com medo e duvidei de mim mesma.

Apesar de aquele momento ser uma vitória real e um passo à frente na minha jornada em busca da autoconfiança, eu não conseguia me livrar da forte sensação de que ainda buscava a aprovação dos outros. Eu ainda não acreditava que era boa o suficiente.

Pouco depois de completar trinta anos, passei por um término difícil. No meio da tristeza, resolvi me consultar com uma terapeuta recomendada pela minha amiga Farleigh. Apesar de eu ter tido bons momentos com a música, minha vida ainda parecia fora do prumo. A única coisa estável — meu relacionamento — havia desmoronado diante dos meus olhos. O rompimento trouxe à tona todas as outras incertezas que eu tentava ignorar. Eu me sentia no caminho errado, ao mesmo tempo que achava que já havia andado demais para voltar atrás. Peguei o carro da minha mãe e fui até Henley em uma tarde no fim de setembro — um lugar lindo, onde eu tinha passado muito tempo na adolescência.

Valesca, a terapeuta, me recebeu nos fundos de um jardinzinho pitoresco. Ela era mais jovem do que eu esperava, e muito bonita. Fomos para uma cabana no fim do jardim, longe da casa principal; era pequena e encantadora. Ela me recebeu lá dentro com uma energia calorosa e convidativa. Deitei em uma cama pequena, e Valesca se aproximou dos meus pés, aparentemente sentindo a energia emitida por eles. Enquanto isso, começou a perguntar sobre minha vida e o que eu fazia. Falei que era cantora.

— Hum. Isso não emana pelo seu corpo — respondeu ela.

Levemente decepcionada com o comentário, mas não tão surpresa, respondi, em um tom triste:

— Eu sei.

— Continua — disse ela. — Me conta o que você ama fazer.

Então listei tudo que eu amava, além de cantar. Falei sobre poesia, sobre como eu adorava a arte de contar histórias, de buscar a verdade, me apresentar, me conectar com as pessoas, atuar, escrever, astrologia, espiritualidade e dar apoio às pessoas.

Ela sorriu para mim e concordou com a cabeça.

— Tudo isso é verdade — disse ela —, e você precisa fazer todas essas coisas.

Eu tinha trinta anos e achava que seria impossível mudar de rumo. Além disso, era uma lista comprida. E qual dessas coisas eu escolheria como carreira? Sempre me disseram que eu

A MORTE DO EGO E O VAZIO FÉRTIL

precisava focar uma única coisa para me tornar bem-sucedida. Porém, depois da sessão, ela me deu um conselho que nunca esqueci. Ela disse que eu precisava ser mais aberta ao pensar nas minhas atividades, porque estava muito fechada. Por estar centrada demais em um caminho específico, eu perdia oportunidades. Ela me falou que todas as coisas que eu queria fazer eram possíveis e poderiam dar início a uma carreira. Eu não devia sentir vergonha de expressar minha verdade.

Se o conselho de Valesca fez tanto sentido para você quanto fez para mim, tire um momento para refletir sobre todas as coisas que você adoraria fazer, mas nunca tentou. Não precisam necessariamente ser atividades que você queira transformar em uma carreira, mas essas atividades poderiam lhe trazer bastante alegria.

Para ajudar você a começar, se eu fosse colocar tudo no papel, talvez escrevesse alguma coisa como:

Adoro cantar e compor, e quero aprender a tocar violão melhor para conseguir escrever letras com mais facilidade. Quando estou imersa em um momento criativo, o tempo desaparece, junto com o mundo exterior. A poesia me permite transmutar meus sentimentos e emoções, e cria um retrato daquele instante. Um retrato que vou ler anos depois e que vai me fazer lembrar exatamente de como me senti e do que estava acontecendo.

O RETORNO DE SATURNO

Use este espaço para listar as atividades de que você gosta:

_____

_____

_____

_____

_____

_____

_____

_____

_____

_____

_____

_____

_____

A MORTE DO EGO E O VAZIO FÉRTIL

Fui condicionada a acreditar que só precisava ser uma coisa. Que tinha que tentar me encaixar em uma classificação. Eu acreditava que precisava seguir uma trajetória específica, por mais resistência que encontrasse. Eu tinha me esquecido do meu "por que" e me dei conta de que continuava vivendo de acordo com as expectativas e a aprovação de outras pessoas. Era como se eu tivesse passado tanto tempo comprometida com algo que não havia escolha além de continuar fazendo aquilo. Eu tinha medo do que significaria mudar de rumo aos 30 anos. De admitir que não tinha resolvido tudo em relação à minha vida. Eu tinha associado tanto do meu valor às minhas conquistas ou à ausência delas que Valesca simplesmente me incentivou a me desapegar. A me desapegar do resultado final e me concentrar no que era verdadeiro para mim. A dedicar minha atenção ao que parecia alinhado e autêntico. E a me libertar da pressão e da vergonha.

A partir daquele momento, decidi me concentrar em mim mesma. Três meses depois eu já tinha superado o término do meu relacionamento e a ansiedade sobre meu futuro, e nunca mais olhei para trás. Na verdade, sou muito grata por aquela relação não ter dado certo. Fiquei arrasada, mas, no meio do vazio que senti, tudo que tenho hoje desabrochou. Tudo que Valesca me falou sobre minha carreira estava certo. Aquele encontro me ajudou a tirar das costas o fardo de opiniões e expectativas que eu tinha passado boa parte dos meus vinte anos carregando enquanto subia pelo caminho sinuoso e intimidante de uma montanha, e mudar de direção. Comecei a correr ladeira abaixo, sem saber bem para onde ia. No entanto, pela primeira vez em muito tempo, eu não me importava. Eu me sentia livre.

A mudança foi a seguinte: eu me tornei mais curiosa sobre meu propósito, buscando-o de forma natural, e não para receber elogios. Comecei uma busca por autenticidade em vez de me concentrar em uma fachada do sucesso. E, talvez mais importante, me libertei da ideia de que havia um caminho diferente que eu poderia ter escolhido, a rota que nunca tomei. Abri mão do objetivo ou fantasia de ter tido um passado diferente e finalmente aceitei o desconhecido. Olhando para o meu mapa daquele período, foi então que meu retorno de Saturno acabou, em outubro de 2019.

GUIAS ESPIRITUAIS

Quando chegamos ao fundo do poço, frequentemente encontramos guias espirituais e mestres que nos oferecem momentos muito formativos. Encaro a situação da seguinte forma: quando o caminho está mais sombrio, surgem pessoas com uma lanterna das maneiras mais estranhas e inesperadas possíveis. No geral, é uma coisa bem aleatória.

A MORTE DO EGO E O VAZIO FÉRTIL

Preste atenção nessas pessoas e nos sinais. Não são coincidências. Eles são seus guias! Seja um encontro aleatório com um desconhecido que você nunca esqueceu ou o reaparecimento de um velho e bom amigo, liste alguns desses momentos que já aconteceram na sua vida. Pense em todos os momentos de sincronia em períodos desafiadores, quando pessoas surgiram praticamente do nada, e em como isso orientou e guiou seu caminho, impulsionando você rumo à verdade.

Pelo método de tentativa e erro, quando nos aproximamos dos trinta anos, começamos a ter mais noção de quem somos no mundo e do que desejamos para o futuro. Começamos a forjar nossa própria realidade, com uma perspectiva nova e mais desenvolvida a respeito de quem somos. Passamos por alguns percalços para chegar a esse ponto. Como Saturno é um grande indicador ligado à carreira, o retorno desse planeta costuma desafiar ou ampliar seu caminho, às vezes de forma abrupta. Durante essa fase, você vai perceber que muitas pessoas pedem demissão para seguir sua verdadeira paixão. Começam uma empresa do zero ou mudam drasticamente de caminho. É uma fase que nos passa a sensação de "é agora ou nunca".

Um aspecto mais complexo se mostra quando começamos algo e acabamos não obtendo os resultados desejados. Nós entendemos o que está acontecendo, nossos amigos en-

O RETORNO DE SATURNO

tendem, nossa conta bancária entende, mas mudar de rumo é desanimador demais. Há uma linha tênue entre insistir em algo que você ama e que tem potencial para melhorar e continuar seguindo por um beco sem saída. Só você sabe e sente a diferença (ou Saturno pode estar dando uma mãozinha). E ser sincero consigo mesmo, tendo a coragem de mudar de rota quando necessário, não é razão para vergonha. Na verdade é uma força. Coisas boas exigem tempo, e não lhe falta tempo para entender o processo. A vida não se baseia em nunca cometer erros, mas sim em como você lida com eles e do que aprende ao fazer isso.

Em 1997, a jornalista estadunidense Mary Schmich escreveu um artigo para o jornal *Chicago Tribune* chamado "Advice, like youth, probably just wasted on the young" [Conselhos, assim como a juventude, são desperdiçados com os jovens, em tradução livre]. É um dos meus textos favoritos, tão sábio e ao mesmo tempo tão simples. Um dos trechos de que mais gosto é "Às vezes você está na frente, às vezes fica para trás. A corrida é longa, e, no fim das contas, o único participante é você". Então, ela implora que o leitor não se sinta culpado caso não saiba o que está fazendo da vida. Não se preocupe em ter um caminho nítido agora. Não se compare aos outros. Confie no ritmo da sua vida e siga em frente. Você pode descobrir o seu propósito a qual-

A MORTE DO EGO E O VAZIO FÉRTIL

quer momento, e não tê-lo encontrado ainda não o torna menos brilhante do que ninguém.

Independentemente do seu interesse ou crença em astrologia, a pressão que sentimos quando nos aproximamos dos trinta anos é inegável. Mas a verdade é que boa parte dessa pressão é resultado de expectativas da sociedade que internalizamos e de dinâmicas culturais que nos condicionaram a termos certas crenças sobre nós mesmos e nossas vidas. Elas não são baseadas na realidade. Podemos tomar nossas próprias decisões e viver como quisermos — a vida é nossa, afinal. Então, jogue fora todas as regras, questione quais crenças são realmente suas e quais você aprendeu, e aproveite a liberdade de sentir que sua vida é uma tela em branco.

Quando se trata de encontrarmos nosso propósito, Saturno frequentemente chega como uma bifurcação na estrada. Se estamos trabalhando duro e no caminho certo, isso significa simplesmente evoluir. Se você não sabe onde está ou o que está fazendo com a sua vida, Saturno vai trazer essa compreensão. Talvez você já tivesse entendido que tinha essa dificuldade, mas Saturno não vai deixar isso passar batido. O tema vai se repetir na sua vida até que você se conscientize dele. Os obstáculos vão continuar aparecendo até a lição ser aprendida.

O RETORNO DE SATURNO

Isso pode se manifestar como um "fundo do poço". Apesar de situações como essa geralmente não serem vistas como positivas, acredito que fundos do poço e despertares espirituais sejam concomitantes. Depois de nos jogarmos contra a parede que permanece imóvel pela última vez e de o ego deixar de apresentar respostas, ele vê isso como uma tragédia. Mas é uma oportunidade para transformação e crescimento. Um despertar espiritual exige a morte do ego. Devemos ser ousados o suficiente para criar uma nova imagem para nós mesmos. Devemos aceitar a morte do ego e de tudo que não é autêntico.

Saturno nos ajuda a identificar lições de vida e a superá-las. Quando você descobrir quais são seus desafios, não se preocupe. Chegar ao fundo do poço não deixa de ser um momento empolgante! Apesar de ser desconfortável e incômodo, você deveria comemorar. Isso significa que sua jornada rumo ao autodomínio está prestes a começar. É uma busca interminável, porém acalentadora. Saturno rege o sucesso e a excelência, e suas lições ensinam sobre o refinamento e sobre se tornar a melhor versão de si mesmo.

Quando trabalhamos junto de Saturno, logo começamos a ter revelações. Momentos de iluminação em que tudo que aprendemos começa a se cristalizar. O instante em que percebemos que, para sermos bem-sucedidos e conquistarmos

A MORTE DO EGO E O VAZIO FÉRTIL

nossos sonhos, precisamos nos comprometer a superar certos obstáculos.

Ninguém disse que seria fácil. Saturno não gosta de atalhos, mas de dedicação e trabalho duro. Se você está suspirando ao ler estas palavras, acredite em mim: eu entendo. Tentei todos os atalhos possíveis e imagináveis. Esse período da vida nos pede para manter os pés no chão e para nos comprometermos por completo. Exige que encaremos nossos problemas e sombras, que lidemos com eles e sigamos adiante. O desafio, o teste, o triunfo. O colapso, e, finalmente, o progresso.

O retorno de Saturno é a oportunidade perfeita para fazer mudanças realmente positivas na vida. Se você aprender a utilizar a energia poderosa de Saturno, ela o tirará de situações que não agregam mais nada a você, como empregos que não vão levar a lugar nenhum e amigos ruins. Simplesmente se renda. Confie que o universo está guiando você. Reflita sobre as seguintes perguntas:

- Você está em um ritmo constante?

- As coisas estão naturalmente se alinhando com facilidade?

- A vida parece leve?

- Ou ela parece pesada?

Com frequência, o que mais nos faz sofrer é nossa resistência às coisas e nossa incapacidade de abrir mão do controle.

Acredito que esses momentos de fundo do poço e despertar espiritual cristalizam e desenvolvem nossas estratégias para a vida. Eles nos forçam a mudar de rumo. Achar que as pessoas simplesmente acordam e sabem quem são é um erro. É quando nos sentimos perdidos, isolados, que somos obrigados a nos descobrir.

O QUE DEIXA VOCÊ FELIZ?

Apesar de a música não ser mais minha ocupação principal, acho importante enfatizar que nada do que nos traz alegria é perda de tempo. Nada que aprendemos merece ser esquecido. Nenhum relacionamento é um fracasso simplesmente porque acabou. Passei muito tempo ao longo dos meus vinte anos vivendo em um estado paralisante de arrependimento, porém, durante meu retorno de Saturno, e com a ajuda da astrologia, percebi que todos os momentos complicados, ou supostos becos sem saída, eram desvios necessários. Pelos quais agora, olhando para trás, sou grata.

A MORTE DO EGO E O VAZIO FÉRTIL

Quando chegamos aos 30 anos, à medida que a pressão aumenta, é fácil nos afastarmos da nossa criatividade se não dependemos dela para o nosso sustento. Nós paramos de brincar ou de aprender se isso não faz parte do nosso "emprego" nem nos rende dinheiro. É comum ver pessoas no segundo retorno de Saturno (com quase 60 anos) aprendendo a tocar violão, piano, a cantar ou a pintar. Do alto de sua experiência, elas entenderam a importância dos prazeres mais simples da vida, da busca pela alegria, durante sua próxima iniciação com Saturno.

A criatividade não só traz paz interior como nos ajuda a nos divertir. Ela faz bem para a alma. Ter alimentado minha criatividade durante a fase dos vinte anos permitiu que eu me tornasse mais conectada comigo mesma, mais autoconsciente. Mais atenciosa. Minha vida e minha carreira mudaram diversas vezes. E tenho certeza de que isso vai acontecer de novo. Eu jamais teria previsto os rumos que tomei; jamais teria imaginado que escreveria um livro ou que trabalharia com espiritualidade. Nem que faria todas as coisas maravilhosas que faço, conversando com alguns dos maiores produtores de conhecimento do mundo.

Mas essa é a beleza da coisa. Não me arrependo mais de nada que fiz aos vinte anos, porque tudo me trouxe até aqui. Apesar disso, eu queria ter sido menos dura comigo mesma. Vou continuar fazendo música, não porque desejo

O RETORNO DE SATURNO

entrar para a indústria ou me tornar uma estrela do pop, mas porque cantar me traz alegria. É uma forma de autoexpressão e autodisciplina, que interpreto como outra prática espiritual.

Acredito que todos nós seríamos bem mais felizes se cultivássemos um pouco mais nossa criatividade e nossos hobbies. Se abríssemos mais espaço para as coisas que nos trazem alegria, e não apenas dinheiro. Afinal, é nos momentos em que fazemos as coisas que nos iluminam que nos tornamos mais magnéticos. Tento aplicar esses princípios a todos os aspectos da minha vida. Tento me concentrar um pouco mais nos detalhes, me comprometer um pouco mais com o que faço. Cheguei à conclusão de que estas são nossas bases — dedicação, disciplina e comprometimento — e os tijolos com que construímos um lar para criar uma vida com mais significado.

Com isso, estou falando sobre uma dedicação holística à vida, sobre amar a si mesmo e oferecer apoio a si mesmo. É a construção desses detalhes — as práticas e rituais diários, as pequenas vitórias — que acaba se transformando em algo significativo com o tempo. Quando fazemos isso, alguma coisa acontece energeticamente, então é importante não se preocupar demais com o "Como saber se vai dar certo?" (porque essa pergunta costuma nos impedir até mesmo de

A MORTE DO EGO E O VAZIO FÉRTIL

começar). São as leis da atração. Quando você envia essa energia para o universo, ele a devolve. Saturno gosta de recompensar o trabalho duro. A dedicação vai fornecer a você as ferramentas necessárias, então não tenha medo de algo dar errado. Talvez aquilo não fosse para você. Mas serviu para prepará-lo para aquilo que é.

DISCIPLINA CONTRA PERFECCIONISMO

A perspectiva astrológica de Noura:

Existe uma percepção de que Saturno está associado com o trabalho constante na busca pela perfeição, que vem do medo de fracassar. Assim como todas as coisas, Saturno tem expressões positivas e negativas. A expressão negativa fica aparente quando o começo da vida de alguém (antes dos 12 anos) foi carregado por uma sensação de insegurança, escassez ou críticas excessivas. Nesses casos, Saturno se manifesta, em uma tentativa de nos proteger, aumentando o medo dessa situação que nos traz uma sensação de inferioridade, seja lá qual for, enquanto crescemos.

Ele faz isso para entendermos que nunca mais queremos nos sentir dessa maneira, e, assim que conquistamos certa independência ou encontramos um modo de expressar nossas habilidades, tentamos superar o trauma demonstrando um

O RETORNO DE SATURNO

excesso de competência. Não parece tão ruim assim, não é? E não é mesmo. Desde que essa necessidade não seja baseada e motivada pelo medo. Mas ela costuma ser. O medo da escassez, de críticas, de ataques a você, e assim por diante. Assim, conforme amadurecemos e chegamos ao retorno de Saturno, essa necessidade constante de ser perfeito ou parecer perfeito em qualquer que seja a área da vida mais relevante para nós começa a se transformar em certa ansiedade ou em tendências de autossabotagem que podem dominar nossa vida e nos levar a buscar ajuda ou conselhos.

Esse é o primeiro passo para começarmos a sentir uma expressão mais positiva de Saturno. É o lado do retorno que nos oferece as ferramentas para nos recriarmos e reeducarmos, e para priorizar nosso bem-estar emocional. É somente quando conseguimos transmutar o medo em um combustível mais saudável (como a satisfação emocional, ou a contribuição para uma causa maior) que conseguimos usar a disciplina e a paciência para enxergar que a busca pela perfeição era um sonho impossível. Na verdade, Saturno nos impulsiona a ter visões e objetivos realistas, que nunca exigem que sejamos perfeitos.

***

A MORTE DO EGO E O VAZIO FÉRTIL

Perfeição

Meu perfeccionismo tornou difícil o processo de escrita deste livro. Eu me sentia uma impostora, queria sabotar o projeto inteiro ao longo do caminho, tacar fogo em tudo. Pode ser difícil entender quem está no comando da nossa cabeça. E, mais importante, por quê. Por que esses pensamentos estão lá, para começo de conversa? Tudo isso se torna mais aparente na cúspide da expansão, com o subconsciente bloqueando nosso próprio sucesso. É nosso dever usar essa fricção e turbulência com sabedoria. Criar uma força direcionada, em vez de deixar que ela nos tire dos trilhos.

Quando eu tinha 14 anos, me sentia extremamente desconfortável com meu corpo. Eu tinha acabado de colocar aparelho ortodôntico, o que me dava muita vergonha, e não tinha me desenvolvido como as outras garotas da minha sala na escola. Eu me sentia um gravetinho que ninguém jamais iria desejar. Em uma tentativa de me animar, meu pai cantava uma música para mim. A letra dizia: "Cabelo perfeito, dentes perfeitos, nós queremos ser como a Normandie Keith. Somos as garotas da moda." Veja bem, era uma musiquinha boba. No entanto, eu a internalizei como regra. E, ao longo de uma série de experiências que tive na vida, comecei a acreditar que, para ser amada, eu *precisava* ser perfeita. Pouco tempo atrás, contei essa história para um amigo, que me

O RETORNO DE SATURNO

disse algo que nunca cogitei. Ele falou: "Seu pai não cantava isso porque queria que você fosse perfeita. Mas porque, aos olhos dele, você era."

A regra da perfeição se infiltra em nosso mundo todos os dias, mas percebi que não há nada menos interessante do que ser perfeito. Todos nós somos incentivados a acreditar que ser perfeito rende frutos, mas isso só nos faz estacionar. Nós achamos que a perfeição vai absolver todos os horrores de ser humano, o que é uma ilusão. O que nos une e nos conecta de verdade do jeito que realmente desejamos é aquilo de que queremos fugir. São as dificuldades e a dor. Acredito que a alegria é causada pela maneira como transmutamos nosso sofrimento. Pela percepção de que há luz e escuridão no mundo e dentro de nós mesmos, sem negar nem se esconder disso. Por aceitar todos os aspectos de quem somos. É isto que devemos almejar: transmutação.

O meu medo paralisante em relação à música no fundo refletia um medo de ser vista de verdade e de ficar vulnerável. O oposto do amor não é o ódio, é a indiferença. Há uma linha tênue entre amor e ódio, e todos nós sabemos a rapidez com que a moeda pode virar. Aquilo que mais nos causa medo, aquilo que mais nos causa temor, é o que devemos investigar. Vá atrás disso. Porque é ali que a mágica costuma estar. Tenha coragem de ir além do ego. Eu ainda estou tentando.

A MORTE DO EGO E O VAZIO FÉRTIL

Disciplina

A autodisciplina foi uma das minhas lições mais difíceis. Não foi uma coisa que veio fácil, e também não foi natural. Ela é um princípio de Saturno e inclui paciência e perseverança. A fama rápida dos dias de *Made in Chelsea*, que veio tão fácil, não durou. Lembro que, quando eu estudava teatro em Nova York, o proprietário do pequeno apartamento que eu alugava na Avenue C, em Alphabet City, era um homem chamado Mike, nascido e criado no Brooklyn. Uma noite, enquanto eu estava no porão lavando roupa, ele me disse algo que nunca esqueci. Ele disse que toda pessoa precisa passar boa parte de uma década se dedicando e tentando fazer sucesso, lutando pelos sonhos, e depois pode passar a próxima década aproveitando os frutos.

Eu tinha 19 anos. Lembro que olhei para ele, perplexa com a ideia de trabalhar duro e pensando: isso não é para mim. No seu sotaque rouco do Brooklyn, ele disse: "Você não entende agora, menina, mas vai entender um dia."

Ele tinha razão. Eu não entendi naquela época, mas entendo agora. E, depois de uma década, penso bastante nisso e acredito que ele tinha toda razão.

Relembrando, eu queria ter levado as coisas mais a sério e seguido o conselho dele. Assim talvez o meu retorno de Saturno não tivesse sido tão intenso. Tentei todos os atalhos possíveis. Tentei roubar no jogo. Mas não existem atalhos. Não de verdade. Não se você quiser construir algo duradouro.

Para construir uma casa estável, é preciso preparar a fundação primeiro. Por isso o retorno de Saturno costuma ser o momento em que as pessoas realmente começam a batalhar. Ele acaba com as coisas para você conseguir criar algo que tenha significado. É o começo de uma década de dedicação.

SUCESSO E FRACASSO

Quando o retorno de Saturno chega, podemos começar a sentir nossa própria autoridade e também uma libertação de restrições e expectativas. O retorno de Saturno representa o fim de um capítulo e o começo de um novo, nos forçando a viver de forma mais autêntica. Ele inicia uma nova fase da vida. Com o tempo, consolidamos todas as nossas experiências, lições e erros, e passamos a analisar a vida que tivemos até então. Conforme seguimos em frente, reconhecemos os fracassos, mas não deixamos que eles definam o futuro. Devemos utilizá-los como um mapa do nosso mundo interior para nos compreendermos melhor e como combustível para nos impulsionar na direção que desejamos seguir. Vou dizer isto muitas vezes ao longo do livro: conhecer e tirar proveito dos nossos pontos fortes é essencial, mas entender nossas fraquezas também é de extrema importância.

A MORTE DO EGO E O VAZIO FÉRTIL

Para conhecer o sucesso, primeiro devemos encontrar seu equivalente: o fracasso. Porque é no fracasso que está a maior parte das lições da vida.

Quando o retorno de Saturno se inicia, costumamos passar por uma crise de identidade, que também pode se refletir na carreira. Nós torcemos para que nossa vida profissional, as parcerias românticas e a ideia que temos sobre nós mesmos estejam alinhadas quando completarmos 30 anos, mas esse é um desejo e tanto. Precisamos de tempo para descobrir quem somos e o que queremos fazer da vida. Para compreender como nossa mente funciona e o que realmente está alinhado.

Uma das maiores tragédias da vida é deixarmos de fazer as coisas que amamos por causa dessa ideia de que temos que definir quem somos antes dos 30 anos. Nós acabamos encurralados por uma onda de comparações — a principal ladra de felicidade. Mas não importa quantos anos você tenha quando começar a refletir. Não importa quantos anos tenha quando resolver mudar o rumo da sua vida. E não importa o que as outras pessoas estejam fazendo!

Vivemos em um momento em que não apenas existem mais opções do que nunca como também existe mais pressão do que nunca, com o valor dos imóveis aumentando

O RETORNO DE SATURNO

mais rápido do que nossos salários. No entanto, acredito que esses períodos de fundo do poço e despertar espiritual nos fazem fundamentar e desenvolver estratégias. Elas nos obrigam a mudar de rumo. Quando nos sentimos perdidos e isolados, somos forçados a nos descobrir. Isso pode ser iniciado por um rompimento amoroso dramático, por uma demissão, por chegarmos a um beco sem saída. Ou talvez tenhamos criado a vida perfeita, conquistado todos os nossos objetivos, e continuemos infelizes. Percebemos que criamos uma fachada, mas que o vazio interior permanece. De toda forma, podemos começar a reconstrução, estabelecendo nosso legado ao longo dos próximos trinta anos.

Eu tinha pavor de fracassar. Tanto que por boa parte dos meus vinte anos o medo de dar o passo errado me deixava tão paralisada que eu não dava passo algum. No geral, as pessoas não gostam de falar sobre os próprios fracassos, porque há muita vergonha atrelada a eles. Nossas identidades são tão emaranhadas com aquilo que fazemos que permitimos que os fracassos nos diminuam. E então os escondemos em uma caixa no fundo do armário, para que ninguém os veja. Mas o fracasso é fundamental no caminho para o sucesso e para a descoberta do nosso propósito — e essa caixa é uma ferramenta, que deve ser tratada como tal.

Fracassei no trabalho. Fracassei em namoros. Fracassei em amizades e em relacionamentos familiares, tudo isso.

A MORTE DO EGO E O VAZIO FÉRTIL

Nos meus vinte anos, esses fracassos me deixavam aflita. Como se cada um deles me limitasse e me tornasse inferior. Mas, na verdade, eles me expandiam. Eu só precisava recalcular meu ponto de vista.

As decisões ruins que tomei nos negócios, na vida, em namoros, com minha família e tudo mais me deram a experiência necessária para que eu aprendesse como *não* agir. Elas me levaram a questionar a mim mesma de maneira mais profunda. E, quando eu fracassar de novo, como é inevitável que aconteça, vou tentar encarar esse novo fracasso como uma chance de ajustar as velas em vez de naufragar.

Elizabeth Day, escritora, apresentadora do podcast *How to Fail* [Como fracassar, em tradução livre] e a primeiríssima convidada do meu podcast, *Saturn Returns*, demonstra perfeitamente como o fracasso nos unifica e como ele é rico em sabedoria. É paradoxal saber que nos sentimos bem mais fortes quando expressamos nossos fracassos, eliminando, assim, a vergonha. Fracassar nos dá a tenacidade de que precisamos. Como uma das minhas heroínas, Brené Brown, diz em em seu TED TALK "Listening to Shame" [Ouvindo a vergonha], demonstrar abertura e vulnerabilidade a respeito das nossas dificuldades e dos nossos fracassos nos permite criar laços mais fortes e conexões mais profundas. E também cria o antídoto para a vergonha, a empatia.

Crise de um quarto de vida, crise de meia-idade, crise pessoal ou retorno de Saturno... não importa se pensamos

O RETORNO DE SATURNO

neles sob a perspectiva da astrologia ou não, há certos momentos na vida em que as pessoas começam a despertar e a questionar o que estão fazendo. O processo parece uma crise existencial. Ele pode passar uma sensação forte de isolamento, e é nesse ponto que temos a impressão de termos perdido no jogo da vida. Mas é apenas o despertar do conhecimento interior.

Para começar, precisamos aprender a nos comunicar uns com os outros — a nos comunicar de verdade. Sobre o que nos incomoda, sobre nossas dificuldades e sobre como podemos nos ajudar. Nós vivemos em um mundo em que tentamos criar e manter uma imagem perfeita. Mas podemos encontrar soluções quando compartilhamos nossos problemas e desafios. É assim que encontramos um sentimento de comunidade e conexão. A verdade é que as questões e problemas que parecem ser apenas meus provavelmente são coisas que você também enfrenta. Mas, se ficarmos lutando sozinhos, se torna difícil reconhecer que esses sentimentos são muito normais, humanos e universais.

Nos meus vinte anos, se eu não tivesse certeza de que minhas empreitadas dariam certo, preferia não arriscar. Um dos convidados do meu podcast e meu amigo, o escritor e empreendedor Steven Bartlett, me disse que, quando se trata de tomar decisões difíceis, às vezes só vamos ter 51 por cento de certeza. E isso basta. Não fique sentado pensan-

A MORTE DO EGO E O VAZIO FÉRTIL

do; tome uma decisão e uma atitude. Sendo uma enrolona profissional (a culpa é do meu ascendente em Libra), sempre tive dificuldade para tomar decisões. Sempre busquei cem por cento de certeza, e, de acordo com Steven, isso raramente existe.

— Mas e se você tomar a decisão errada? — perguntei.

— Então fracasse rapidamente — disse ele.

Essa ideia foi quase revolucionária para mim — é impossível garantir que não vamos cometer um erro. Mas, às vezes, só temos que assumir o controle, dar um voto de confiança e aceitar nossa decisão, seja lá qual for o resultado. Infelizmente passei tempo demais em cima do muro, remoendo cada possibilidade. Hoje, porém, olhando para trás, não me arrependo das minhas tentativas e dos riscos que assumi, mesmo quando as coisas não deram certo. Eu me arrependo do que não fiz. Dos riscos que não corri, dos caminhos que não segui porque fiquei com medo. É muito melhor conviver com a decepção em curto prazo do que com o arrependimento em longo prazo. Então, faça as coisas que lhe dão medo. Seja corajoso e, caso você fracasse, o que é uma possibilidade, fracasse rapidamente.

A empresa que abri e que fracassou quando eu tinha vinte e poucos anos me ensinou a lidar com um negócio aos 30. Permitiu que eu tomasse decisões mais inteligentes ao me tornar uma empresária e que fosse capaz de gerir uma equipe.

O RETORNO DE SATURNO

Aprender do "jeito difícil" significou não cometer os mesmos erros na segunda rodada. Da mesma forma, uma decepção amorosa terrível quando eu tinha vinte e poucos anos, que encarei pessimamente, me deu o exemplo do que não fazer no meio de um término aos 30.

Quem sabe o fracasso seja a maior escola da vida? Podemos tentar fugir dele, nos esconder dele. Mas nunca aprenderíamos nada. Uma criança só aprende a andar cambaleando e levando um tombo atrás do outro, até acertar. Ela não julga a si mesma por tentar. Eu queria ter passado menos tempo na fase dos vinte me questionando sobre cada resultado hipotético. Ter passado menos tempo me criticando por meus fracassos. Ainda não dominei essa arte, e estou falando isso tudo para mim mesma tanto quanto para você. O fato é que devemos parar de tentar controlar tudo, passar a confiar um pouquinho na vida e entender que ela não é o inimigo. As melhores coisas acontecem de forma inesperada, quando paramos de forçar a barra e começamos a confiar.

A falta de confiança pode ter o efeito contrário e nos levar a terceirizar nossa própria autoridade. Se não confiamos o suficiente em nós mesmos e no universo, acabamos tendo medo de assumir responsabilidades. Então esperamos até a decisão cair nas mãos de outra pessoa, entregando as chaves

A MORTE DO EGO E O VAZIO FÉRTIL

do nosso reino. Se não exercitarmos a confiança, ela nunca vai se fortalecer. Quando assumimos nossa própria autoridade, começamos a cultivar experiências que, com o tempo, nos fortalecem.

Se você ainda não assumiu suas responsabilidades, não precisa entrar em pânico. Eu com certeza não fazia isso! Esse é um princípio comum de Saturno, que muitas pessoas precisam aprender durante o retorno. No início pode parecer estranho, mas o universo vai continuar colocando desafios e obstáculos no seu caminho, que são convites constantes para você cuidar de si mesmo. Não são coisas simples, que vencemos ou nas quais fracassamos. Elas simplesmente ficam indo e vindo, de formas diferentes.

Se você ficou ansioso, não precisa se preocupar. E, se está insatisfeito com a própria vida, continue lendo. Tudo pode ser transformado, e o desconforto é apenas um indicador de que há trabalho a ser feito para que você volte a encontrar o alinhamento. Talvez seja necessário sair da zona de conforto. Mas é aí que a magia acontece!

**Você tem mais coragem do que imagina.
Só precisa das ferramentas certas
para acessá-la.**

O RETORNO DE SATURNO

Pense um pouco e anote as decisões importantes que você está tendo dificuldade para tomar, ou planos que fica adiando sem necessidade. Pense em qual seria o primeiro passo para assumir o controle dessas situações. Você vai ficar surpreso com a simplicidade de alguns desses planos e com o quanto é empoderador pensar neles.

Por exemplo, eu poderia escrever:

Quero expandir minha marca, então preciso encontrar pessoas que me ajudem a fazer isso e aprender a delegar tarefas. Preciso organizar melhor os meus dias e criar parâmetros definidos sobre as expectativas. Quero assumir o papel de líder com mais firmeza, então preciso transmitir isso na minha comunicação com as pessoas ao meu redor, para que elas consigam fazer o melhor trabalho possível. Primeiro, posso imaginar como eu me sentiria fazendo isso e visualizar quem desejo me tornar, para entrar nesse papel de cabeça.

A MORTE DO EGO E O VAZIO FÉRTIL

Use este espaço para escrever sua lista:

O RETORNO DE SATURNO

Quando se trata de trabalho e carreira, é essencial entender o que significa ter sucesso para você. Pode significar ter a oportunidade de tirar um ano de folga para viajar. Pode significar ter um horário de trabalho flexível para ajustar sua jornada à rotina da família. Ou pode significar ir atrás de um sonho que você tem desde a infância. As pessoas não funcionam do mesmo jeito nem querem as mesmas coisas, então por que adotamos uma ideia de sucesso que envolve um salário generoso, um cargo impressionante e um escritório bonito?

Uma ótima ferramenta para compreender melhor essa noção é listar as coisas que você quer da vida. As coisas que definem o que é sucesso para você. No meu caso, quero liberdade, flexibilidade, a busca da verdade, autenticidade, colaboração, crescimento pessoal e criatividade. Depois que fazemos as pazes com a inevitabilidade do fracasso, precisamos nos aprofundar no que o sucesso realmente significa e na maneira como *nós* o definimos. Porque ele não é só o que o mundo e a mídia nos dizem. Nem o que filmes com carros velozes, mansões e coisas caras retratam.

O que significa ter sucesso para *você*? Escreva como você visualiza ou imagina o sucesso. Não se preocupe muito com o objetivo final ou em conectar sua resposta com uma trajetória profissional. Ao expressar isso, você vai passar uma

A MORTE DO EGO E O VAZIO FÉRTIL

mensagem explícita para o universo. Ele vai mostrar o próximo passo a ser dado, então fique atento. E uma dica: às vezes são as coisas que surgem com mais facilidade, o caminho mais simples, que mostram a verdade.

Por exemplo, eu poderia escrever algo assim:

Para mim, ter sucesso significa viver minha verdade. Com bons amigos e uma carreira que proporciona liberdade para viajar e explorar o mundo. Significa não estar presa a ninguém. Acordar todos os dias empolgada com as possibilidades. É ter segurança financeira. Ser reconhecida na minha área. E me tornar mais sábia.

O RETORNO DE SATURNO

Agora é sua vez. Anote o que significa ter sucesso para você:

A MORTE DO EGO E O VAZIO FÉRTIL

FELICIDADE

Quando se trata da felicidade, quanto das nossas vidas deixamos ser ditado pelo condicionamento imposto pela sociedade? Talvez por expectativas externas, por figuras parentais que projetam suas próprias experiências ou fracassos em nós, por causa das redes sociais. Até mesmo grupos de amigos podem ser incrivelmente limitantes (quando nos fazem mal). Quanto da nossa vida é narrado por influências externas? Eu diria que a maior parte, quase tudo.

Sempre pensei que precisasse que alguém me dissesse como eu deveria viver, que me desse permissão para fazer certas coisas. E, quando você busca a aprovação e a validação de outras pessoas, com certeza vai encontrar um monte de gente disposta a lhe dizer o que é certo ou errado. (Basta entrar em qualquer rede social para isso.) A maioria dessas pessoas está apenas projetando as próprias crenças limitantes em você. Hoje em dia, não nos comparamos mais com nossos vizinhos. Nós nos comparamos com as Kardashian.

Basta pegar o celular para ver milhões de pessoas compartilharem *reels* com os pontos altos da própria vida. Isso pode ser extremamente desanimador. As redes sociais não são um recurso saudável para medirmos ou identificarmos o sucesso. Elas são amplas demais. As comparações roubam

O RETORNO DE SATURNO

nossa alegria e matam nossa produção criativa autêntica. Nós damos mais importância à maneira como vendemos nossa vida do que ao modo como a vivemos, e, ao contrário do que indicam todos os rostos sorridentes, isso não traz felicidade.

Os velhos métodos e condições que regulam nossa existência são antiquados. Não faça apenas o que a sociedade, as figuras parentais na sua vida ou seus amigos esperam. Como Steven me disse em nossa entrevista, "o maior risco que corremos é viver uma vida desleal a nós mesmos". Você não está velho para isso, e também não é tarde demais. Há tantas possibilidades diante de você, e só vivemos uma vez. Vale muito a pena dar a cara a tapa e buscar seu próprio caminho.

Já estabelecemos que a sua noção de sucesso pode ser completamente diferente da minha. Mas o motivo para todos nós corrermos atrás do "sucesso" é o fato de acreditarmos que ele nos trará uma coisa: felicidade. Então, quando falamos sobre sucesso, estamos falando sobre nosso desejo de ser felizes.

No estilo de vida hedonista que muitos de nós levamos, começamos com aspirações humildes. Quando elas são alcançadas, nossos objetivos se tornam mais ambiciosos. Chegamos ao próximo marco — o aumento de salário, o carro novo, o emprego melhor, o companheiro melhor —, mas continuamos nossa busca. No caminho, pensamos: a próxima conquista vai me deixar feliz. Mas então ela vem, e depois vem outra, e outra, e assim por diante. À medida que nossa riqueza aumenta, nosso apetite por coisas materiais aumenta também. E então começamos a nos comparar com pessoas que têm mais do que nós, incapazes de superar a sensação de sermos insuficientes. É a chamada "adaptação hedônica", que nunca para.

Na psicologia, existem dois conceitos principais de felicidade, e um deles é o conceito hedônico. Ele data do século IV a.C., quando o filósofo grego Aristipo ensinou que o principal objetivo da vida devia ser buscar e ampliar o prazer. Embora eu acredite que isso esteja mudando, a felicidade hedônica ainda é defendida como o maior objetivo na cultura ocidental. O segundo tipo é a felicidade eudaimônica, conceito que também data do século IV, quando Aristóteles defendeu que, para ser feliz, era preciso viver segundo suas virtudes. A eudaimonia — do grego *eudaimōn*, que significa sorte, e *eu* mais *daimon* (espírito) significando feliz — é alcançada por experiências que tenham propósito e significado. Em outras palavras, uma vida guiada pela razão e pela virtude. É a busca de um indivíduo por compreender e cumprir seu potencial único.

O RETORNO DE SATURNO

Precisamos de uma mistura de hedonismo e eudaimonismo para alcançar a felicidade. Às vezes, após um dia difícil, precisamos satisfazer os sentidos, comer, aproveitar, ser hedonistas. Mas, no geral, precisamos nos direcionar para a eudaimonia. Essa mudança na psicologia costuma acontecer na época do retorno de Saturno, quando ansiamos por autenticidade e nos tornamos mais interessados no crescimento pessoal do que em soluções temporárias. Como resultado das redes sociais, boa parte do foco se volta para o lado exterior, então essa mudança pede que nos concentremos em alimentar nosso mundo interior em vez do exterior.

Quando o seu mundo interior é regado, o mundo exterior floresce.

Incentivo você a começar a questionar por que está buscando certas coisas, seja um emprego, uma casa ou um relacionamento. Se for para receber aprovação dos outros, como é o caso para muitos de nós, é importante compreender que nenhuma aprovação será suficiente antes que aprovemos a nós mesmos. Podemos nos dedicar a criar a imagem perfeita. Podemos comprar carros caros e objetos reluzentes. Mas a maioria das pessoas que conheci que tinham "tudo", especialmente em Los Angeles, era completamente infeliz.

A MORTE DO EGO E O VAZIO FÉRTIL

Os prazeres externos não têm impacto significativo no mundo interior se não prestamos atenção nele, mas, se você cuidar da sua mente e do seu bem-estar, isso vai iluminar seu mundo exterior de um jeito completamente novo. Quando alimentamos o mundo interior, o exterior floresce. Neste mundo capitalista que lucra com inseguranças e com a perpetuação da sensação de insuficiência, é revolucionário se sentir satisfeito com a própria vida. Na verdade, é tão raro se sentir assim que as pessoas podem achar que você é louco se esse for o seu caso.

A gratidão realmente é a chave para a felicidade. Admito que me prendo à adaptação hedônica, mas preciso me controlar e lembrar que as coisas que realmente me trazem alegria estão acessíveis a todo instante. Quando chegamos a essa conclusão, nos perguntamos em que momento fomos mais felizes. Provavelmente não foi quando você comprou aquele carro novo ou aquela roupa — aquela felicidade é uma dose temporária de dopamina. Com certeza foi um momento em que você estava presente com os prazeres simples da vida, ou um momento de conexão com uma pessoa querida, ou quando você conquistou algo que parecia impossível.

Nem sempre é fácil, mas tento me concentrar todos os dias naquilo que me traz felicidade verdadeira e me faz sentir mais grata. Fiz uma lista dessas coisas, e convido você a escrever a sua ao lado:

O RETORNO DE SATURNO

Felicidade é...

O chá que eu tomo de manhã	
Gargalhar com meus melhores amigos	
Cozinhar	
Um gesto de bondade vindo de um desconhecido	
Tempo para descansar	
Caminhadas na natureza	

PARTE 3

Questões do coração

O retorno de Saturno nos faz confrontar as falácias da
nossa autoconfiança... nos obriga a interromper padrões
de autossabotagem e a prosperar.

Africa Brooke

A perspectiva astrológica de Noura:

Apesar de Saturno ser frequentemente entendido como um planeta frio, não é o caso. Ele é um planeta humilde. Na verdade, ele tem uma energia que nós também temos e que se baseia na humildade. No amor, especialmente quando enfrentamos uma decepção no período do retorno de Saturno, o motivo para nosso sofrimento costuma ser a percepção de que a pessoa com quem estávamos não era quem achávamos que ela fosse. Talvez estivéssemos sendo otimistas demais, ou talvez estivéssemos nos dedicando a um relacionamento que nos sugava e nos prendia de alguma maneira. Em outros momentos, nós também podemos ser a causa do sofrimento dos outros.

Podemos ter criado esse tipo de situação quando nos comportamos de um modo que traía não só a outra pessoa como

O RETORNO DE SATURNO

a nós mesmos. Traindo nossos limites e aceitando comportamentos que diminuíam nosso poder. Talvez tenhamos dito que estávamos prontos para um compromisso, quando não estávamos. Podemos ter nos convencido de que queríamos alguém que cumprisse todas as nossas exigências e, quando finalmente encontramos essa pessoa, ficamos desiludidos e decepcionados. Isso leva à pergunta: será que realmente sabíamos o que queríamos?

É provável que não. E a desilusão amorosa veio quando Saturno retornava com um olhar amoroso, mas rígido. Ele entendeu que não tínhamos certeza daquele amor, ou que a outra pessoa não entendia o que o amor significava para ela. Então a verdade vem à tona e o relacionamento se encerra. Para outros, especialmente os que já tinham uma noção saudável dos limites dentro do amor, o retorno de Saturno pode ser o momento de encontrar alguém que lhe ensine sobre um amor generoso, duradouro e benevolente. De toda forma, quando se trata de amor, seja lá qual for o acontecimento importante que acontecer durante o retorno de Saturno, ele vem para o bem. Não importa quanta tristeza cause, é algo que nos liberta das nossas percepções limitadas sobre o amor. Que expande nossos corações e cria espaço para um sentimento que resiste aos altos e baixos da vida.

* * *

QUESTÕES DO CORAÇÃO

Como a psicoterapeuta Esther Perel diria: "Por onde começamos?" Eu amo o amor. Com Sol em Touro e ascendente em Libra, sou duplamente regida por Vênus, e os relacionamentos sempre ocuparam um grande espaço da minha vida. Muitas vezes isso foi minha ruína. Não importa o quanto eu tente diminuir sua importância para tentar manter o equilíbrio com o restante da minha vida, no fundo, sou uma romântica incorrigível.

Ao longo dos meus trinta anos, tive o privilégio de vivenciar muitos tipos de amor, e, apesar de todos os relacionamentos terem acabado, nenhum deles foi um fracasso. Todos me ensinaram algo diferente, me ofereceram uma nova perspectiva sobre a vida, me permitiram ser mais leve no amor e mais forte na mágoa. Eles foram espelhos, refletindo partes ocultas de mim que precisavam ser curadas. Descobri aspectos de mim que eu nem sabia que existiam, amei e fui amada.

As questões do coração podem ser um campo de batalha: trágicas, complicadas, arrasadoras, cármicas, empolgantes, revigorantes, inebriantes e maravilhosamente viciantes. O amor cega a todos e une todas as almas vivas neste planeta, mas sabemos tão pouco sobre ele.

Saturno pode ter um impacto devastador na nossa vida amorosa, porque costuma trazer um encerramento repentino e doloroso. Foi o que aconteceu comigo, pelo menos, e,

O RETORNO DE SATURNO

neste capítulo, me concentro nas lições de Saturno sobre o amor. E, caramba, são muitas. Mas que tal começarmos pelo começo?

O PRIMEIRO AMOR

Eu me apaixonei pela primeira vez aos 15 anos, durante minha oposição de Saturno. Até hoje me lembro da sensação. O cupido acertou uma flecha no meu coração em uma boate em Earls Court, quando vi um garoto do outro lado do bar. E, naquele momento, meu mundo parou. Nunca vou esquecer. Aquele amor, aquela paixão, seja lá como você quiser chamar, durou uns sete anos. Uma temporada inteira de Saturno. É lógico, outros romances e casinhos surgiram pelo caminho, mas, na época, nada chegava aos pés daquele amor. Eu o idolatrava como se ele fosse o propósito da minha vida.

Magoamos um ao outro algumas vezes — eu fui mais magoada do que ele. Foi uma relação de idas e vindas durante esse tempo, mais idas do que vindas, mas isso não me impediu de amá-lo nem por um segundo. Da escola à universidade, durante anos sabáticos e de viagens, todo verão nos encontrávamos de um jeito que parecia predestinado, e começávamos outro capítulo. Quando entrei na fase seguinte da minha vida, aos 21, o livro acabou. Esse romance me ensinou que o amor era leviano e inconsistente. Raramente

QUESTÕES DO CORAÇÃO

presente, mas sempre lá. Presente por momentos breves, mas fora de alcance na maior parte do tempo. Apesar de nem todo mundo pensar com frequência nessas primeiras experiências, o subconsciente lembra delas. Acredito que o retorno de Saturno nos chame para revisitar o passado e abrir caminho para um futuro diferente.

Foi só com vinte e muitos anos que passei para o próximo grande capítulo amoroso da minha vida. Aquele que toma conta de tudo, que esgota você, ao qual nos entregamos de corpo e alma. O tipo de amor em que o remédio e o veneno são a mesma coisa, em que você fica preso a um ciclo de recaídas e recuperação. Melhorar para piorar. Era um amor tóxico.

Foi um romance relativamente curto; ficamos juntos por seis meses. Mal dava para refletir sobre o impacto que isso causou em mim. Fomos apresentados por um amigo que achava que não teríamos nada sério, mas já estávamos dizendo "eu te amo" um para o outro na primeira noite. Veja bem, se isso não é sinal de desastre para você, nada mais é. Mas era assim que eu funcionava naquele tempo. Quando você vai de zero a cem em questão de segundos, é inevitável dar de cara com um muro em algum momento. E é óbvio que isso aconteceu.

Ele era charmoso, carismático e exalava perigo. Porém, após seis meses de altos e baixos eufóricos e desastrosos,

O RETORNO DE SATURNO

meu coração não aguentava mais. No dia em que tudo terminou, eu não queria que acontecesse. Na verdade, era a última coisa que eu queria. Mas todos os meus amigos gritavam "O que você está fazendo?!" enquanto eu entrava no ringue para mais um round e mais um nocaute. No sentido figurado, é lógico.

De muitas maneiras, continuar com isso estava se tornando um ato de automutilação. Eu estava na estação Waterloo, esperando o trem para passar um tempo com minha mãe na ilha de Wight. Eu e ele tínhamos brigado de novo. Eu estava arrasada. Parecia que, sempre que as coisas melhoravam, outra coisa dava errado — errado das formas mais criativas possíveis. Como se ele estivesse brincando com as minhas emoções. Ou nós estávamos perdidamente apaixonados, ou queríamos matar um ao outro, sem meio-termo.

Eu estava exausta e me tornando um fantasma do meu antigo eu. Foi o momento em que as portas se abriram: o trem chegou, o celular tocou. Ele implorava para que eu voltasse, para tentar resolver as coisas pela milésima vez. Mas eu sabia que precisava encerrar aquele ciclo destrutivo. Eu queria reencontrar a euforia inicial, mas nunca era a mesma coisa. Entrei no trem com lágrimas escorrendo pelo rosto. Quando cheguei à casa da minha mãe, eu me lembro de chorar e dizer que estava doendo muito. Nunca vou me esquecer da resposta dela: "O amor não devia doer desse jeito."

QUESTÕES DO CORAÇÃO

A parte mais dolorosa dessa experiência era saber que eu tinha abandonado a mim mesma ao decidir permanecer em uma situação que não era definida pelo amor. Um tipo de abandono como esse faz muito mal e causa um sofrimento visceral. É a dor do seu coração traindo sua alma. Aquele amor me fazia acreditar que eu precisava abrir mão de mim mesma para mantê-lo, mas, quando precisamos escolher entre amar alguém e perder a nós mesmos, o ato de amar uma pessoa jamais deve ser sinônimo de nos abandonar.

Quando saímos do nosso caminho para seguir o de outra pessoa, conforme o tempo passa, voltar atrás se torna mais difícil. A jornada de volta parece longa e vazia, então ficamos ali. Ficamos ali e lutamos contra a razão, torcendo para o nosso coração não nos trair, ou para não trairmos o nosso coração. Com a orientação de Saturno e a ajuda da astrologia, aprendemos que nosso caminho é sempre e unicamente nosso. Saturno quer mostrar que podemos manter nossa autonomia e autodomínio ao mesmo tempo que temos uma parceria. Que podemos criar espaço para duas pessoas serem independentes e manterem uma interdependência saudável.

Há sempre sinais de que as coisas descarrilharam. Saturno costuma dar um jeito de transformar aquele "caminho errado" em areia movediça para nos impedir de seguir em frente, para nos dar um momento que nos permita reavaliar nossas

O RETORNO DE SATURNO

decisões. Isso pode acontecer de muitas maneiras. Pode ser um sinal físico, como a ansiedade, uma sensação instintiva profunda, o bom e velho pé na bunda (ou, como gosto de chamar, o redirecionamento de Deus).

O CULPADO E A VÍTIMA

Levei anos para me recuperar de verdade do término que vivi no meio dos meus vinte anos. Parte do motivo para isso foi que entrei de cara em outro relacionamento e não me dei tempo para uma cura completa. Também não reconheci minha responsabilidade pelo papel que desempenhei nessa relação. Em vez disso, inventei uma versão dos fatos que transformava ele no culpado, e eu, na vítima. De certa forma, meu ego continua berrando: "Mas era verdade — ele foi mesmo!" Aqui vai uma das lições mais profundas que aprendi sobre o amor: todos nós somos as duas coisas. (Observação: exceto as vítimas de relacionamentos abusivos.)

A necessidade de determinar quem está certo ou errado em um relacionamento é desgastante. Quando culpamos ou cobrimos de vergonha o outro, não olhamos para o que foi acionado dentro de nós nem para o que estamos projetando, porque é doloroso demais e não sabemos o que fazer com essa dor. É mais fácil transformar a outra pessoa na vilã da história, mas, nesse processo, acabamos

QUESTÕES DO CORAÇÃO

não enxergando a sabedoria atrelada ao sofrimento nem a oportunidade de crescer. Quando um relacionamento termina, sempre existe a chance de estreitar nosso relacionamento com nós mesmos. Quando um amor vai embora, o amor-próprio permanece? O problema é que costumamos buscar nos outros o amor que gostaríamos de oferecer a nós mesmos. Só entendi isso depois do meu retorno de Saturno. Quanto mais eu buscava o amor fora de mim, menos o encontrava.

Depois que iniciei minha jornada espiritual, passei a reconhecer meus padrões de comportamento. Eu poderia tentar justificá-los, mas Saturno me desafiou a colocar as teorias em prática. O meu retorno de Saturno veio no mesmo momento que um relacionamento também surgiu, e terminou quase no mesmo dia em que o namoro acabou. Quando somos traídos, é fácil nos sentirmos a vítima, o que é compreensível. Isso traz à tona todos os medos que temos a respeito de nós mesmos e nos faz questionar nosso valor.

Quando o meu mundo desabou em um instante, minha autoestima ficou por um fio. Eu me vi em um dilema: aquilo acabaria comigo ou me transformaria? Todos os já conhecidos sentimentos de inadequação vividos na juventude voltaram, especialmente a sensação de que eu não era suficiente. Mas eu sabia que a mulher na qual estava me tornando *era* suficiente. Durante aquele período, eu estava em

O RETORNO DE SATURNO

contato com minha criança interior e conversava com ela, acalmando-a. Essa consciência trazia alguma libertação, como se eu estivesse sentada à cabeceira da mesa com todas as partes de mim.

Uma das minhas citações favoritas é da escritora Glennon Doyle, de seu livro *Indomável*: "Não existe libertação de mão única." Eu penso nisso todos os dias. No fim das contas, se algo não é para uma pessoa, também não é para a outra. Se algo me liberta, liberta o outro. Você merece um amor que o escolha por completo. Não se contente com meio amor. Leve isso a sério. É a maior verdade do mundo.

Quando entrevistei Mark Groves, apresentador do podcast *Create the Love* [Crie o amor, em tradução livre] e especialista em conexão humana, para o podcast *Saturn Returns*, ele mencionou o livro *Free Will* [Livre-arbítrio, em tradução livre], do filósofo e escritor estadunidense Sam Harris, que explica como projetamos o nosso livre-arbítrio nos outros. Se você, no entanto, trocasse de vida com alguém, célula por célula, experiência por experiência, teria os mesmos comportamentos que essa pessoa.

Quando dizemos que alguém tinha uma opção que preferiu não escolher, dizemos isso do alto do nosso privilégio, do nosso ponto de vista, do nosso espaço. Sempre tentei me colocar no lugar do outro, buscando compreender seu

QUESTÕES DO CORAÇÃO

comportamento. Com o tempo, percebi que isso é bobagem, porque talvez eu tivesse me comportado de outra maneira na mesma situação. Mas podemos usar isso para nos enxergarmos como superiores, afirmando "Eu *jamais* teria feito aquilo". Tudo bem, você não faria, mas adivinha só? Você não é aquela pessoa. Se fosse, teria feito.

Acredito que as exigências que fazemos quanto aos relacionamentos tenham mudado, mas a forma como aprendemos que eles devem funcionar, não. Ansiamos por uma conexão profunda, mas não gostamos de analisar nosso comportamento imperfeito para conseguir isso. Nós subestimamos o esforço que deve ser empregado. O amor dá trabalho, além de exigir compreensão e paciência. E, se eu tivesse que determinar um único fator que define o sucesso de uma relação, não seria a ausência de conflitos, mas a maneira como eles são encarados e resolvidos.

Eu aprendi que, quando algo acontece em uma relação — uma briga ou um comentário descuidado — e faz você entrar em parafuso, se colocando na defensiva ou ficando agitado, é preciso ter curiosidade. Qual foi o seu gatilho, e por quê? Em seguida, se dê espaço. Às vezes precisamos nos afastar por um momento, por uma hora ou até um dia, para nos acalmarmos depois que nosso estado emocional ficou desregulado. Por fim, chame seu(sua) parceiro(a) para conversar.

O RETORNO DE SATURNO

Marque um horário, se for necessário. Então explique o que aconteceu do seu ponto de vista. Por exemplo: "Quando você disse tal coisa, senti o seguinte... E eu queria falar sobre isso para encontrarmos uma solução juntos."

Isso é admitir e reconhecer o seu papel, a sua ferida, e não projetá-la no outro. Você está deixando o outro participar do seu processo de cura, em vez de torná-lo a causa do seu sofrimento. Isso vai aprofundar a confiança entre vocês, que terão uma nova e poderosa experiência para usar como referência, caso os mesmos sentimentos voltem. A união entre comunicação e vulnerabilidade é a receita para o resultado certo. Ela vai desarmar o conflito. E vai impedir que o seu ego sabote algo que pode ser maravilhoso.

O paradoxo e a complexidade em compreender duas verdades — de abrir espaço para a experiência do outro sem invalidar a sua — é essencial. Como podemos escutar mais, julgar menos, suavizar mais, ficar menos na defensiva? Quando lidamos com conflitos, qual é o modo mais rápido de vencer e enfrentar o problema? Simples: baixe as suas armas primeiro.

Isso é especialmente difícil no fim de um relacionamento, quando tendemos a nos incomodar com tudo que *o outro* faz de errado. Como ele nos decepcionou, como é incapaz de fazer tais coisas, como nos magoou etc. Não seria libertador sentir gratidão em vez disso? O que essa pessoa fez você

QUESTÕES DO CORAÇÃO

aprender sobre si mesmo? O que a experiência lhe ensinou? Como podemos assumir uma responsabilidade radical por nós mesmos e pelos nossos corações?

A verdade é que jamais vamos saber o que outra pessoa vivencia. Não de verdade. Nós gostamos da segurança de pensar que sabemos, mas temos plena noção de que as pessoas podem nos surpreender. O fardo do desdém dentro e fora de uma relação é um peso nos ombros. Criticar o outro não ajuda. Controlar o outro não traz segurança. Saturno me ensinou a abrir mão da culpa e do controle. E me ensinou também que a ideia de "ser melhor" ou de "ser bom demais para alguém" é uma ilusão, uma falsa segurança. Os motivos pelos quais duas pessoas dão certo e outras duas pessoas dão errado estão além da nossa compreensão.

CONFIE NA SUA INTUIÇÃO

Como saber se esse relacionamento está no caminho certo? A resposta simples é: se for certo, você vai saber. Se for errado, você vai ficar confuso.

É constrangedor, mas já virei madrugadas procurando no Google motivos para permanecer em situações que tinham passado do prazo de validade, tentando justificar o injustificável. Perdida nas profundezas de posts do Reddit com um mar de outras mulheres que faziam o mesmo. Esse estado

O RETORNO DE SATURNO

mental não é dos melhores, um bom sinal de que chegou a hora de seguir em frente.

Sempre penso que nós, seres humanos, possuímos linguagem e lógica, mas modificamos essa lógica de acordo com nossa realidade. Por exemplo, um animal sente o perigo por instinto, tem uma reação física e foge. Nós, por outro lado, sentimos o perigo, temos uma reação física e chamamos nossas amigas para tomar um vinho e nos convencer de que aquilo é uma boa ideia.

Então, perdoe a si mesmo por permanecer no lugar mesmo sabendo que deveria ter ido embora. Não se envergonhe de contar a sua verdade, escolha a si mesmo e saiba que as pessoas que valorizam você e que lhe oferecem segurança vão ficar ao seu lado, ao contrário das outras. Saiba que é impossível garantir que a pessoa que você *pensa* que quer vai aparecer. A vitória está no processo de ficar ao lado de si mesmo independentemente do resultado. Não tenha medo de perder alguém; tenha medo de se perder. A ironia é que nós começamos relacionamentos pedindo um amor incondicional, mas munidos de uma lista de condições enorme. Temos que prestar atenção à nossa própria hipocrisia! Amor incondicional não significa tolerância incondicional. Precisamos saber quais características são indispensáveis para nós quando iniciamos um relacionamento. Isso nos permite

QUESTÕES DO CORAÇÃO

reconhecer quem está alinhado conosco, filtrando aqueles que não estão. Por exemplo, as minhas são:

- Um bom coração

- Autoconhecimento

- Está em uma jornada espiritual, aberto a enxergar o mundo com outros olhos para aprender coisas novas

- Capacidade de me dar espaço emocional

- Integrado e confiante na sua masculinidade

- Me incentiva a falar a minha verdade

- Compatibilidade sexual e conexão sexual forte

- Consegue oferecer apoio em momentos difíceis

- Também precisa ser muito bobo e brincalhão

Este é um ótimo momento para você pensar nas suas características indispensáveis e anotá-las no espaço reservado a seguir.

O RETORNO DE SATURNO

Minha lista de características indispensáveis:

_____

_____

_____

_____

_____

_____

_____

_____

_____

_____

_____

_____

_____

_____

QUESTÕES DO CORAÇÃO

Quando amamos alguém que tem todas essas características indispensáveis, precisamos aceitar que talvez a pessoa ainda não faça tudo exatamente da maneira como queremos. Ou que ela pode comunicar o amor de formas diferentes daquelas com as quais estamos acostumados a recebê-lo. Analisar as linguagens do amor pode ser útil para compreender as diferenças no modo como demonstramos e recebemos amor. Se você ficou curioso, basta procurar "teste da linguagem do amor" no Google para descobrir o que é mais poderoso para você, seja o toque físico, palavras de afirmação, tempo de qualidade, atos de serviço ou trocar presentes.

Lembre-se: todos nós somos seres únicos, com nossos medos e inseguranças, e todos desejamos ser amados. Nós amamos apesar dos defeitos da pessoa com quem estamos, e precisamos aceitá-la por completo. Porém, se as diferenças forem grandes demais para serem ignoradas, precisamos compreender que, às vezes, amar alguém significa abrir mão de estar com essa pessoa.

O livro *Belonging* [Pertencimento, em tradução livre], da convidada do podcast e escritora premiada, professora e oniróloga Toko-pa Turner, tem um capítulo que realmente me marcou e que fala de algo que não praticamos, mas deveríamos. É a arte de "ir embora bem". No geral, minha experiência sempre foi de cortar o contato depois que um namoro termina, e, não me leve a mal, às vezes essa é a úni-

O RETORNO DE SATURNO

ca opção possível. Mas lembro de ler esse livro e pensar em quantas vezes acabei com tudo e cortei drasticamente todo tipo de comunicação. Talvez por autopreservação, mas principalmente pela incapacidade de expor minhas necessidades e em uma tentativa de recuperar o controle.

Geralmente falamos sobre o término de relacionamentos como um capítulo final que nos permite encontrar significado na experiência. Mas nem sempre isso é possível, já que exige que duas pessoas cheguem a um consenso e entendam o ponto de vista uma da outra, deem espaço uma para a outra, mesmo no final. Se for executado do modo correto, pode ser um ritual lindo — apesar de triste —, que leva à cura e trata a dor com respeito.

O amor é como um vaso que, se rachar durante uma desavença, pode ficar lascado ou se partir. A maneira como encaramos os conflitos é importante — dentro e fora de uma relação amorosa. Não podemos obrigar o outro a fazer o mesmo, mas podemos fazer a nossa parte. Ir embora bem significa honrar nossa integridade e demonstrar respeito pelo relacionamento. É isso que Saturno pede — viver de acordo com nossos valores. Assim como devemos viver de forma íntegra, devemos ir embora do mesmo jeito.

Nosso ego frágil atrapalha nossas conexões, e, à medida que nos tornamos mais vulneráveis, tememos que haja muito em jogo, então nos recusamos a colaborar, fazemos *gaslighting*, criticamos ou nos fechamos. Seguimos repe-

QUESTÕES DO CORAÇÃO

tindo os mesmos padrões, porque nunca nos ensinaram que deveríamos agir de outra maneira. A comunicação é fundamental para um relacionamento saudável, mas é uma habilidade construída. Pelo fato de Saturno estar na minha Casa Três (a casa da comunicação), isso sempre foi um grande desafio.

Precisamos assumir total responsabilidade pelo nosso comportamento — pelos vieses inconscientes que temos sobre relacionamentos e pessoas — e lidar com ele. Sempre dizemos que estamos buscando o amor ou encontrando o amor, mas eu acredito, como diz um dos meus mestres favoritos, Mark Groves, que nós *criamos* o amor.

COMO CURAR UM CORAÇÃO PARTIDO

A perspectiva astrológica de Noura:

Na astrologia, Saturno encontra harmonia nos signos regidos por Vênus. Esse planeta traz para a nossa vida amor, arte, conforto, luxo, amizades e conhecimento. Vênus é a deusa do amor, também chamada de Afrodite na mitologia grega. Por ser um planeta estoico, Saturno tem afinidade com Vênus. Ele admira sua capacidade de se dedicar completamente a tudo que traz beleza, discernimento e união. No fundo, os dois têm valores parecidos. Portanto, o amor é um assunto que recebe todo o apoio de Saturno.

O RETORNO DE SATURNO

Por outro lado, esse apoio pode ser extremamente rígido. Saturno ama o "amor", sim, mas com certeza não acredita na ideia de um amor egoísta. Ele apoia relacionamentos dedicados, maduros, duradouros, e coisas belas. Então, nos momentos que antecedem o retorno de Saturno, um relacionamento que parecia "perfeito" pode surpreender e se mostrar insustentável, acabando com a percepção de que ele seria "eterno".

Apesar desse banho de água fria brutal, Saturno tenta nos proteger. Ele quer poupar nosso coração e nossa vulnerabilidade. E nos convida para amadurecermos e nos tratarmos da maneira como apenas uma pessoa com amor-próprio faria: com total devoção e comprometimento. Assim, tudo que nos tira desse estado de espírito tende a sair da nossa vida. Às vezes gradualmente, e em outros momentos por causa de acontecimentos repentinos que trazem confusão.

Isso pode ser desolador, mas — e este é o lado bom de Saturno — nos oferece um recomeço. Somos incentivados ou, quando demonstramos teimosia, forçados a mudar, de modo a seguir um caminho mais alinhado, em que o amor-próprio e o autodomínio reinam. Isso não vai acontecer de uma hora para a outra, porque, como seria de esperar dos métodos de Saturno, precisamos ter paciência, que é o marco da maturidade (pergunte a qualquer pessoa com Capricórnio ou Saturno dominantes no mapa). Mas nem tudo é tristeza. Algumas pessoas conhecem seu companheiro de vida ou iniciam

QUESTÕES DO CORAÇÃO

um compromisso oficial durante o retorno de Saturno. Tudo depende do espaço que criamos em nossas vidas para receber um amor leal, justo, generoso e duradouro, da maneira como Saturno sempre quis que vivenciássemos o amor.

* * *

Durante o retorno de Saturno, términos de relações amorosos são muito comuns. Isso acontece porque passamos por mudanças tão intensas no nível individual que costumamos nos distanciar do relacionamento para nos alinharmos com nosso eu verdadeiro. Os rompimentos podem ser especialmente difíceis e inesperados, porque Saturno não está de brincadeira. Você achava que estava tudo ótimo, e aí, *paf!*. Do nada, você está solteiro de novo.

O encerramento de uma relação é como uma morte. E, assim como acontece depois de qualquer falecimento, vivemos o luto.

Com frequência, as pessoas tentam encontrar outro alguém rapidamente em uma tentativa de fugir dessa dor. E é um pouco como tentar tapar o sol com a peneira; um conserto temporário, mas que não resolve o problema. Você precisa dar um tempo para se curar. Acredito de verdade que é preciso respeitar a relação, dando a si mesmo espaço e tempo para se recuperar. Você também não quer cair na armadilha de um namoro estepe, mergulhando de cabeça em um relacionamento com a primeira pessoa que aparecer.

Tempo não é medida para o amor. E a cura não tem um prazo certo. Quando me perguntam quanto tempo leva para alguém superar uma decepção amorosa, sempre digo: é igual ao tamanho de um rolo de barbante. Já levei anos para superar pessoas com quem só fiquei por algumas semanas. E levei semanas para superar outros com quem fiquei por anos. Não existe regra.

O que vejo acontecer é seguirmos em frente rápido demais, encontrando alguém que tenha todas as coisas que faltavam no(a) parceiro(a) anterior. Então, se essa pessoa era grudenta, podemos nos envolver com alguém que seja distante (e percebemos que, na verdade, isso também é irritante, incômodo e incompatível conosco). É uma reação ao fato de que não nos curamos nem processamos a experiência, então estamos usando outro ser humano como um curativo.

Com frequência, carregamos fragmentos de relacionamentos passados conosco que se infiltram na próxima relação. Se não prestarmos atenção, acabamos repetindo os mesmos ciclos, e fica difícil diferenciar traumas ou mágoas passados de intuição. Estar atento é o primeiro passo. O segundo é compartilhar nossa experiência quando nos sentirmos seguros e confortáveis com a pessoa com quem

QUESTÕES DO CORAÇÃO

estamos. Não precisa ser uma conversa pesada. Você pode simplesmente explicar que certos comportamentos podem ser gatilhos e conversar sobre o que vocês farão quando um problema acontecer.

No passado, quando me deparava com algum gatilho ou me sentia ameaçada de alguma maneira, eu me fechava tão rápido que seria mais fácil entrar em Fort Knox, a base do Exército estadunidense conhecida por seus cofres ultrasseguros, do que na minha cabeça. Hoje eu coloco o assunto em pauta. Converso sobre o que estou pensando, mesmo que pense que é loucura! Isso diminui a intensidade do problema, me impede de surtar e ajuda meu parceiro a me acalmar. É óbvio que, para isso, é preciso ter um relacionamento que lhe transmita essa segurança, mas, quando fazemos isso, lentamente removemos os resquícios de mágoas anteriores e construímos uma base saudável de confiança em seu lugar.

**O amor não corre atrás. Se ele vier, deixe vir.
Se ele for embora, deixe ir.**

Então, como superar alguém de vez? E como o retorno de Saturno afeta os términos? O luto que vivenciamos quando um relacionamento termina é, mais do que tudo, pelo futuro que imaginamos para nós mesmos. Quando

O RETORNO DE SATURNO

conhecemos alguém, criamos muitas expectativas em relação a essa pessoa sobre a maneira como nossas vidas vão se interligar e nosso futuro vai se desdobrar juntos. Então, quando um término acontece, precisamos nos libertar dessa realidade idealizada.

Grande parte disso é uma fantasia, porque é impossível prever o futuro, mas os seres humanos gostam de acreditar no contrário. A ideia de ter que recomeçar em uma tela em branco é tão apavorante para algumas pessoas que elas simplesmente permanecem na relação depois que o prazo de validade já expirou, por puro medo do desconhecido. Isso pode ser muito doloroso. Mas os términos funcionam como combustível de foguete para o desenvolvimento e o crescimento pessoal. Eu sei como é ter tanta certeza de que algo é bom para você que abrir mão do relacionamento parece absurdo, mas pode acreditar: se fosse algo realmente adequado para você, não teria dado errado. E você vai acabar ficando feliz por ter acabado assim.

Por que não aproveitar este momento para fazer uma lista com as lições que você aprendeu com um término? Esse tipo de raciocínio nos incentiva a continuar crescendo e nos lembra de que sempre nos fortalecemos depois de passar por esse tipo de situação. A minha lista de lições é comprida, mas a primeira que sempre surge na minha mente é a seguinte:

QUESTÕES DO CORAÇÃO

É a sua vez. Use este espaço para listar tudo que aprendeu:

_____

_____

_____

_____

_____

_____

_____

_____

_____

_____

_____

_____

_____

O RETORNO DE SATURNO

Confio no universo e acredito que as coisas acontecem no tempo divino e certo. Sei que tudo que é meu está guardado. Mesmo quando estou com o coração partido, tenho certeza de que ele vai se curar e conseguir amar e ser amado novamente.

O coração e o corpo não compreendem os términos. É por isso que parece uma morte. O seu corpo não sabe a diferença entre precisar se separar de uma pessoa e nunca mais reencontrá-la por escolha própria ou devido a circunstâncias externas. Ele apenas sente o vazio deixado por aquela ausência.

Se você estiver passando por algo assim agora, estou aqui e entendo sua dor. Eu sei como é, de verdade. Essas primeiras manhãs em que você acorda sozinho, sem saber se aquilo é um pesadelo horrível, até sua nova realidade se tornar aparente. É devastador saber que você nunca mais vai passar outro domingo com a pessoa nem fazer todas as coisas que faziam juntos enquanto construíam a base do seu amor. Todas as pequenas idiossincrasias que você adorava, porque faziam parte da personalidade da pessoa. Sei como isso é doloroso. Não vou tentar diminuir isso oferecendo a você um curso intensivo de recuperação amorosa rápida. Mas eu também sei que, por mais que a dor seja intensa,

QUESTÕES DO CORAÇÃO

ela é prova do quanto você amou, porque tudo na vida é proporcional.

O amor sempre deve ser celebrado. Esse é um dos maiores paradoxos, e também um dos mais cruéis — não podemos conhecer as profundezas do amor sem correr o risco de encontrar sofrimento e decepção. E, quanto mais fundo você mergulhar, maior será o baque. Mas vamos em frente mesmo assim, porque vale a pena. Quando você rompe com alguém, quando tudo parece estar de ponta-cabeça, podemos nos sentir desconectados. Ao mesmo tempo, também podemos sentir uma conexão inédita com nós mesmos. Junto com a tristeza e o luto há uma escolha. Nós ficamos cozinhando o sofrimento em banho-maria, nos identificamos demais com ele, permitindo que nos vitimize, ou o utilizamos para nos dar força?

Quando passei pelo meu término no retorno de Saturno, tentei ignorar minha dor para ajudar meu ex. Tentei ser forte por ele e espiritualizei demais a experiência, talvez porque não estivesse pronta para lidar com a raiva e a traição que senti. Era mais fácil bancar a terapeuta do que iniciar o meu processo de cura.

Por sorte eu estava fazendo terapia na época, e isso havia me ajudado a desenvolver uma base firme para mim mesma nos seis meses anteriores. Naquele momento eu tinha ferramentas para não cair em velhos padrões de comportamento destrutivo.

Um dia, minha terapeuta perguntou:

— Você está com raiva?

— Não muito — respondi, dando uma resposta intelectualizada demais sobre por que ele havia feito o que fez, e dizendo que aquilo não tinha nada a ver comigo.

E ela respondeu:

— Sabe, não tem nada de errado em sentir raiva.

A verdade era que eu não sabia como acessar minha raiva ou meu luto. Eu achava que iria desmoronar se fizesse isso, porque, no fim das contas, eu continuava apaixonada. Quando aceitasse a raiva e o luto, eu também teria que aceitar o fim. E na época eu não estava pronta para isso.

As lições de Saturno sobre o amor servem apenas para mostrar se o seu relacionamento está de fato alinhado com o seu eu verdadeiro. Se você estiver sofrendo por amor ou passando por um término, aguente firme. Garanto que há uma luz no fim do túnel. Se você conseguir dizer "obrigado" para o universo, se conseguir sentir gratidão tanto pelo sofrimento quanto pelo amor, ele vai guiar você para algo muito melhor. É preciso acreditar que o que é seu está guardado. A dor vai ser transmutada, e você vai se conhecer melhor. E até vai conseguir amar de modo mais intenso, mais leve, mais corajoso.

QUESTÕES DO CORAÇÃO

Reconheço que passei a fase dos vinte anos experimentando metamorfoses nas questões do coração e, talvez, em todas as questões da vida. O retorno de Saturno me ensinou a permanecer ancorada em mim mesma e a não me transformar em outra versão para agradar outra pessoa. E me permitiu cogitar a possibilidade de um relacionamento não ser sinônimo de precisar mudar ou me alterar. A pensar que talvez eu possa ser amada exatamente como sou.

É impossível dizer a coisa errada para a pessoa certa.

Acredito que temos muitas conexões na vida e muitas almas gêmeas, algumas românticas, outras platônicas. As pessoas entram na nossa vida, criando um ponto de inflexão que altera o rumo do nosso destino. Acredito que cada conexão que sentimos deve ser valorizada e celebrada. Mesmo que dure apenas um dia. Mesmo que nos faça sofrer muito. Se, no turbilhão e na loucura do amor, nosso coração acabar partido, em vez de criticar o outro pela perda, colocando a culpa do fracasso nos defeitos do outro, sendo incapaz de reconhecer que também temos os nossos, devemos erguer a cabeça e sacudir a poeira. Seguir em frente, voltar para a arena e ter coragem de amar de novo.

O RETORNO DE SATURNO

O problema com o amor é que desejamos controlá-lo. Guardá-lo e possuí-lo. Mas o amor não pode ser contido. Ele não pode ser guardado e possuído. Deve permanecer indomado, caprichoso e efervescente, e sua potência se baseia no fato de que ele pode desaparecer. Não dá para vivenciar a intensidade do amor sem encarar a possibilidade de dor. Essa é a magia — a percepção de que, no precipício do amor, sempre encontramos o sofrimento do outro lado.

Assim como tudo na vida, há equilíbrio nisso. A concepção moderna de uma pessoa completar a outra remove nosso poder de agência, porque não precisamos ser completados por ninguém. Amor verdadeiro é seguir seu caminho ao lado de outra pessoa. Às vezes vocês perdem o rumo; às vezes, vocês tombam. Há momentos em que seguem em ritmos diferentes, e talvez sigam em direções opostas. No fim das contas, não há nada de errado com isso, e o amor que você sentiu e a força do seu sentimento não diminuem.

Assim, se você estiver passando por um término ou querendo conhecer alguém, recomendo que reflita sobre o assunto. Escreva sobre o tipo de pessoa que deseja trazer para a sua vida, e então explicite as coisas de que está se desapegando — aquilo que não é mais bem-vindo na sua vida. Com frequência, mantemos uma imagem maravilhosa de alguém do passado como um mecanismo de defesa, tentando nos

QUESTÕES DO CORAÇÃO

impedir de ser vistos e nos mostrar vulneráveis para uma pessoa nova.

Nos meus piores momentos no meio da madrugada, eu costumava fantasiar sobre todas as possibilidades do passado. Uma história que me tirava da minha realidade atual, que às vezes parecia melhor do que ocupar esse lugar entre amores vividos. Extremista por natureza, nunca gostei de neutralidade, mas foi uma lição muito saturnina aprender a me enraizar na realidade e a aceitar as coisas como elas eram.

Por mais tentador que seja fazer drama e começar a repassar todo o sofrimento e tristeza, ruminando os motivos para ter perdido o amor da sua vida, tente se acostumar com o lugar vazio. Aceite-o. Se possível, se empolgue com ele. Sei que isso pode parecer apavorante, já que somos programados para entrar em pânico, especialmente depois dos trinta, por estarmos solteiros, analisando nossos contatos em um frenesi, buscando amores perdidos e fantasmas do passado. Mas, sinceramente, você precisa mesmo apressar uma decisão e acabar passando o resto da vida com a pessoa errada? Quando se trata das questões do coração, vá com calma. Porque é importante!

A vida, meus amigos, é parecida com um labirinto. Apesar de gostarmos de pensar que ela é uma trajetória em linha reta, do ponto A ao ponto B, o universo tem outros planos, e Saturno chega como uma bola de demolição, nos tirando completamente do prumo. Mas todos esses desvios fazem parte da experiência e a tornam muito mais enriquecedora. Eu incentivo você a agradecer ao universo pela orientação recebida e a seguir o fluxo. Talvez você não encontre aquilo que *acha* que quer, mas vai encontrar exatamente o que precisa. Saturno não quer dificultar a sua vida, mas vai remover tudo que não for para você. E, como recompensa, vai lhe dar algo bem melhor do que você poderia ter imaginado. Saturno quer diminuir seu ritmo, então vá devagar.

Lembre-se de que, se uma pessoa não foi capaz de receber você por inteiro, se não entendeu a linguagem da sua alma — que vai além da fala e de medidas humanas —, se você não se encaixava nos braços dessa pessoa, não é porque ela é boa ou ruim, ou porque você é muito ou pouco. É porque talvez ela não devesse estar com você. Liberte a si mesmo e a ela, porque a pessoa certa vai se encaixar sem sombra de dúvida. Ela vai dar vida às palavras que apenas sua alma compreende. A pessoa certa vai ler você como se tivesse escrito o seu livro. Espere por ela.

O amor não deve ser apressado.
Vale a pena esperar por você.

QUESTÕES DO CORAÇÃO

O TRIUNFO DO AMOR PLATÔNICO

A percepção astrológica de Noura:

Saturno é o corregente natural da Casa Onze. Essa é a casa dos ciclos de amizade e conexões que são encorajadores, duradouros e que apoiam seus objetivos de vida e grandes sonhos.

Geralmente é no retorno de Saturno que descobrimos quem são os amigos que nos apoiam de verdade. Nosso círculo de amizades começa a refletir o aspecto mais saudável da nossa autoestima e nossa visão mais madura da vida. Infelizmente, isso pode significar ter que abrir mão de amizades que não parecem mais querer fazer parte da nossa vida. Porém, nessa fase aprendemos muito sobre o que significa ter uma amizade saudável. E, apesar de existir a possibilidade de esse ser um momento mais solitário, quase sempre estamos formando uma base para amizades que começam aos poucos, mas tendem a durar pelos próximos marcos importantes da nossa trajetória.

Além de amizades, começamos a melhorar a capacidade de fazer networking — o retorno de Saturno é o momento ideal para começar a socializar ou explorar amizades em situações sociais diferentes. Quanto mais ecléticos ou fora da nossa zona de conforto natural, melhor. É um momento que nos incentiva a desafiar o que definimos como normal,

O RETORNO DE SATURNO

e isso, por sua vez, reflete nas amizades que fazemos e mantemos por muito tempo.

***

O triunfo do amor platônico. Eu não esperava por essa. Sempre tive uma melhor amiga, uma pessoa que vivia grudada comigo. Houve Grace, dos 7 aos 12 anos; Humaira, dos 12 aos 15; e Tally, dos 15 aos 28 (provavelmente meu relacionamento mais duradouro até hoje). Tally continua sendo uma das minhas amigas mais próximas e queridas, porém, durante meu retorno de Saturno, muitas das minhas amizades mudaram.

Tive bastante dificuldade com isso. Ninguém fala sobre o fim de amizades. A mágoa, a tristeza. Mas os amigos podem ser os grandes amores da nossa vida. Olhando para trás, eu sei que três eram. Talvez não existam tantos livros escritos sobre eles, ou tantos filmes. Mas as amizades verdadeiras valem ouro. As amizades verdadeiras resistem ao tempo. Elas se transformam em algo novo conforme a vida leva vocês em direções diferentes, mas sempre continuam ali.

Durante o retorno de Saturno, somos impelidos a reestabelecer nossos valores, e, como consequência, a dinâmica de nossas amizades muda. Isso é difícil, porque queremos permanecer iguais para manter nossos amigos por perto,

QUESTÕES DO CORAÇÃO

para as coisas continuarem do mesmo jeito. Mas costumamos receber um chamado para explorar o mundo. Para deixar para trás tudo o que conhecemos, para nos aventurar pelo desconhecido. Pode parecer que estamos entrando em uma terra de ninguém. Você não é mais quem era antes, mas também não sabe quem se tornou. As pessoas ao seu redor perderam a graça, mas você tem medo de não encontrar as pessoas certas e ficar sozinho.

Quando a escritora Ruby Warrington participou do podcast, conversamos sobre nos encaixarmos e sentirmos que somos parte de um grupo. Sobre como, se tivermos que escolher entre ser autênticos ou parte de algo, vamos sacrificar a autenticidade para nos encaixar, mesmo que seja nos lugares errados, e quase sempre em detrimento da nossa integridade. Isso foi uma adaptação e um mecanismo de sobrevivência. No passado, sempre precisamos de um povo ou de uma comunidade para sobreviver, mas se encaixar e fazer parte de um grupo são conceitos opostos.

A jornada para encontrar a sensação de pertencimento significa pertencer a nós mesmos primeiro. Significa aceitar e amar a nós mesmos primeiro. Neste mundo digital e moderno em que vivemos, costumamos dar mais valor a gostarem de nós do que gostarmos de nós mesmos. Sei que eu era assim, e senti isso com intensidade durante meu retorno de Saturno. Eu oscilava constantemente entre agradar as pessoas e seguir no caminho da minha verdade, porém o medo e o isolamento que acompanhavam isso me deixavam tão assustada que eu voltava a velhos hábitos, a comportamentos e pessoas que tinham perdido a graça, mas que passavam segurança apenas por serem familiares. Quando duas opções parecem dolorosas, preferimos o sofrimento familiar. É melhor um mal conhecido.

Com o tempo, o sofrimento de permanecer igual e pequeno começa a pesar mais do que o medo do desconhecido. Descrevo isso como um exílio autoimposto, uma iniciação necessária para nos aceitarmos e pertencermos a nós mesmos.

Eu tinha 27 anos quando passei por essa mudança. Eu tinha uma visão específica de mim mesma, parada diante da janela de uma casa, usando um vestido de cor pêssego claro. A casa em que eu estava tinha sido construída exatamente do meu jeito. Ela era alta e isolada. Havia uma estrada comprida e serpenteante que levava a ela, e eu, naquela versão, estava parada diante da estrada. Olhando para o terreno pouco convidativo e solitário lá embaixo, para outra versão de mim mesma. Mas eu sabia que aquele era meu eu do futuro, e que seria necessário caminhar pela estrada para alcançá-lo. Não havia outro jeito — eu precisava seguir em frente.

QUESTÕES DO CORAÇÃO

Minha mãe sempre diz: "A solidão que você sente ao lado da pessoa errada é bem pior do que a solidão que sente sozinha." E eu concordo plenamente. Meus momentos mais solitários foram em um relacionamento duvidoso, ou parada no meio de uma multidão, sentindo que ninguém me enxergava. Da mesma maneira, viajei sozinha para o outro lado do mundo e nunca me senti menos solitária. Estamos sempre nos relacionando com nós mesmos, então ficar sozinho não necessariamente significa se sentir solitário.

Quando se está em uma jornada interior, concentrado em gostar de si mesmo, a rejeição não faz diferença. Preste mais atenção nas sensações que a sua vida causa em você, e não em como ela parece para os outros. A riqueza de ter poucos amigos verdadeiros é tudo. É bem melhor ser valorizado e amado por poucos por sua verdade do que pelo mundo por uma mentira.

Muitas pessoas me mandam mensagens dizendo que estão tendo dificuldade com isso, porque, durante o retorno de Saturno ou qualquer tipo de transição na vida, costumamos seguir um caminho solitário. Enquanto isso, amizades e relacionamentos terminam. É compreensível sentir medo de não encontrar as pessoas certas, mas eu garanto: isso não passa de medo.

O RETORNO DE SATURNO

Não posso lhe dizer exatamente como isso vai acontecer, porque é único para cada pessoa. Mas, conforme você se aprofundar na sua verdade, elas virão. As pessoas vão aparecer de formas inesperadas. Você vai sentir um chamado para retomar contato com amigos do passado, ou vontade de começar a conversar com alguém na aula de yoga. Siga os sinais intuitivos que aparecem. Tenha coragem de fazer sozinho coisas que estão alinhadas com quem você é hoje. Eu acredito que ser autêntico e se amar de verdade é a melhor maneira de atrair alguém com quem vamos criar uma conexão verdadeira. Você pode chamar isso de Lei da Atração ou de encontrar uma pessoa na mesma vibração, se preferir, mas o importante é confiar em quem você é de verdade e não ter medo de compartilhar isso com os outros.

Depois do meu grande término durante o retorno de Saturno, resolvi ir para a Austrália. Desde a primeira vez que fui para lá, aos 10 anos, me apaixonei. Naquela altura, eu buscava um sinal sobre o que fazer, aonde ir, e a Austrália, um lugar que considero meu lar espiritual, era a resposta certa. Passei três semanas sozinha naquele país, durante o Natal. Fiz yoga todos os dias, fui sozinha a restaurantes, só com um livro como companhia. Passei praticamente o dia de Natal todo sem ninguém. Encontrei os amigos que eu tinha feito quando havia morado lá, aos 20 anos, passei ho-

QUESTÕES DO CORAÇÃO

ras caminhando, meditei. Li livros sobre astrologia e repetia para mim mesma todos os dias: "Se a única coisa que eu fizer for me curar, então isso terá sido o suficiente."

Quando voltei para casa, me sentia muito preenchida. Meu coração transbordava de amor. Amor que eu tinha dado a mim mesma. Amor que eu sentia por ter reencontrado meu lar espiritual e amigos que não via fazia muito tempo. Amor da generosidade de pessoas desconhecidas. Eu jamais poderia prever a série de acontecimentos que se desenrolaram naqueles meses e a maneira como me transformariam.

Dois meses depois disso, abri minha empresa, a Saturn Returns. Um mês depois, lançamos o podcast. Depois que o primeiro episódio foi ao ar, recebi uma mensagem de uma garota chamada Zoe, que trabalhava no Orion, um selo da editora Hachette. Ela dizia que tinha adorado a ideia do podcast e me perguntou se eu já tinha pensado em escrever um livro. Como Noura (nossa astróloga oficial de *O retorno de Saturno*) disse na época: "Caggie, ela trabalha em um lugar chamado Orion. Está escrito nas estrelas."

É óbvio que nem todo mundo pode ir para a Austrália quando precisa para se reconectar consigo mesmo. Então aprendi a trazer essa paz até mim, mesmo quando estou em casa, seguindo minha rotina normal. Meditação, yoga, ca-

O RETORNO DE SATURNO

minhadas e conversas positivas comigo mesma são práticas que incorporo na minha semana de algum jeito, e são minha forma de demonstrar amor por mim mesma e de me dar a sensação de pertencimento.

Use o espaço na página 187 para listar as práticas que você usa para se reconectar e demonstrar amor por si mesmo. Talvez você não tenha o costume de fazer isso, então, se surgir alguma ideia que deseje acrescentar à sua rotina, anote-a no calendário e comece assim que possível.

Algumas das minhas favoritas são:

- Longas caminhadas pela natureza sem o celular, para aproveitar o momento comigo mesma e com tudo que está ao meu redor.

- Tirar cartas de tarô ou de oráculos para receber orientação quando estou me sentindo paralisada ou desconectada.

- Exercícios de respiração para me reconectar ou trazer à tona emoções antigas que preciso mudar.

- Passar tempo com amigos.

QUESTÕES DO CORAÇÃO

Como você volta para si mesmo? Use este espaço para listar práticas que podem ser usadas em qualquer lugar:

_____

_____

_____

_____

_____

_____

_____

_____

_____

_____

_____

_____

_____

O RETORNO DE SATURNO

O fim do relacionamento que encerrou meu retorno de Saturno me ensinou que sempre posso usar essas técnicas para me reconectar comigo e com o mundo. Depois disso, passei a me cuidar física e mentalmente com terapia e yoga. Adotei um estilo de vida mais sóbrio e aceitei convites e oportunidades dos quais costumava fugir. Eu me abri para as possibilidades que a vida oferecia, fazendo amigos novos e divertidos pelo caminho.

Foi nesse período que conheci minha melhor amiga, Kelly, sem a qual nem imagino minha vida hoje. Fomos apresentadas por Farleigh, uma amiga em comum, e foi amor à primeira vista. Conversamos por horas e horas. Assim como é raro ter uma conexão romântica tão instantânea com alguém, era como se estivesse acontecendo a mesma coisa com uma amiga. Parecia que a porta giratória do universo tinha entrado em ação — um amor saía da minha vida, mas era imediatamente substituído por outro. Era um tipo de amor diferente, mas se mostrou igualmente profundo.

Aprendi que amar a si mesmo em primeiro lugar reconecta você de verdade ao âmago. Entendi o valor de todas aquelas ferramentas esotéricas que eu experimentava e que sempre poderia usá-las para voltar para mim mesma. Passei pelos melhores meses da minha vida, e as coisas continuaram melhorando.

QUESTÕES DO CORAÇÃO

O término mais doloroso da minha vida acabou me impulsionando a tomar uma atitude, e falei para mim mesma: chega de fazer só o que parece seguro, chegar de pensar pequeno. Começar o podcast *Saturn Returns* foi uma das melhores coisas que fiz. Não apenas para minha vida profissional, mas também para a pessoal. Tive a oportunidade de me conectar com pessoas com todo tipo de histórico de vida — com pensamentos livres semelhantes aos meus. Conheci alguns dos meus melhores amigos em entrevistas, como a escritora e mentora lunar Kirsty Gallagher, e a consultora e coach Africa Brooke, que foram convidadas do programa — e não consigo imaginar minha vida sem as duas.

Nós valorizamos amizades longas, porque elas são cheias de histórias. Ter alguém que conheceu você em fases diferentes da vida é um privilégio bem grande, mas conhecer alguém que se alinha completamente com a pessoa que você é hoje e com o caminho que está seguindo, que o avisa quando você está sendo babaca, mas também começaria uma guerra para defendê-lo... é um tesouro.

As amizades que construí desde então me preencheram tanto que raramente me sinto sozinha. Sei que tenho pessoas que vão ficar do meu lado quando eu precisar. O poder do amor platônico fez maravilhas na minha vida nos últimos anos. Passamos tanto tempo preocupados em encontrar a nossa pessoa ou o "amor da nossa vida", mas, na verdade, nossos maiores amores podem estar bem diante de nós — nossos melhores amigos. Eles vão estar lá para nos ajudar a nos recuperar quando estivermos na fossa, e vão juntar os caquinhos. Dê valor a eles.

PARTE 4

Autoestima e autodomínio

Aprendemos que a sensação de pertencimento é
a conquista de um lugar estático que muitos de nós
passaremos a vida inteira procurando, e pensamos, bem, se
eu continuar atrás disso, se eu continuar me aprofundando
mais e mais, vou acabar encontrando esse lugar, vou
reconhecê-lo, ele vai me reconhecer, e vamos viver felizes
para sempre nesse estado de acolhimento inquestionável,
mas uma das principais coisas que descobri com este
trabalho é que a sensação de pertencimento não é nada
estática, mas vem de um processo dinâmico.

Toko-pa Turner

A perspectiva astrológica de Noura:

*É interessante observar que pessoas com muita influência
de Saturno no mapa (Saturno nas Casas Um, Quatro, Sete
ou Dez — ou alguém com muitas posições em Capricórnio/
Aquário) têm problemas de autoestima e com o reconhecimento do autodomínio. O motivo para isso é que, em sua
influência imatura, Saturno pode se expressar na forma de
figuras de autoridade na infância e na adolescência. De alguma maneira, essas figuras abalam nossa autoconfiança.*

O RETORNO DE SATURNO

A consequência disso é uma noção de humildade excessiva e de diminuição do ego. Então, apesar de respeitarmos figuras de autoridade enquanto crescemos, no fundo nos ressentimos delas por sua influência intensa e opressora sobre nossa liberdade pessoal. É por isso que nossa reação durante a primeira oposição de Saturno (aos 16 anos) é nos rebelar, ou então nos submetermos ainda mais às autoridades e às regras daqueles que acreditamos serem mais sábios.

Em sua expressão mais elevada, no retorno de Saturno, somos convidados a repensar a autoridade e o que ela significa para nós. Então, devemos contemplar os pontos em que abrimos mão da nossa autoridade, seja por hábito ou por uma submissão inconsciente. Mais tarde, ao longo do nosso trabalho interior, despertamos para o fato de que temos escolha. Nós temos livre-arbítrio. Apesar de haver mérito em respeitar as pessoas que vieram antes de nós, é opressor renunciar à nossa autoridade e, com isso, indiretamente diminuir nossa autoestima.

As figuras de autoridade servem para nos guiar, mas, quando tentam impor a nós restrições criadas a partir de uma necessidade de controle, devemos estabelecer limites e demonstrar que temos poder sobre nosso livre-arbítrio, corpo e decisões. Devemos expressar nossa autoridade e assumir nosso autodomínio. Quanto mais fizermos isso, mais fácil se tornará. E, com sorte, quando for a nossa vez de guiar alguém, não vamos abusar do nosso poder. Em vez disso, vamos respeitá-lo e lembrar aos mais jovens do seu valor e do seu domínio sobre si mesmos.

AUTOESTIMA E AUTODOMÍNIO

* * *

O lugar da autoestima é no coração e na mente. O relacionamento que temos com nós mesmos é o mais importante de todos, mas é comum que sejamos programados para acreditar que nosso valor está fora de nós, e que os relacionamentos amorosos são os mais importantes. Muitos de nós já caíram no erro de conhecer alguém e abandonar todos os outros elementos da vida que trazem felicidade e realização.

Quando eu era mais jovem, os garotos eram o centro do meu universo. Digamos que a vida seja como um gráfico em pizza, dividido em amizades, hobbies, família, carreira e parceiro(a) romântico(a)/de vida. Muitas pessoas (inclusive eu) acabam tendo um gráfico completamente desequilibrado. Quando um romance surge, o setor amoroso passa a dominar o espaço, e as outras fatias se tornam menores, menos valiosas, menos importantes, às vezes sendo até apagadas.

Não é raro analisarmos nossa dedicação a uma pessoa de acordo com o quanto gostamos dela, negligenciando o componente crucial da reciprocidade e assim nos tornando completamente disponíveis e maleáveis, acabando com outros planos ou compromissos que tínhamos com nós mesmos e com nossos amigos. Somos tão condicionados a ter medo de ficar sozinhos que parece que só seremos inteiros, que só seremos humanos por completo, quando encontrarmos alguém. Essa é uma mentalidade errada, e precisamos

O RETORNO DE SATURNO

deixá-la para trás — você nasceu completo. É só o mundo que insiste no contrário.

Com o tempo, a sociedade inventou essa crença de que o valor das mulheres está atrelado ao dos homens que as escolhem, mas a vida amorosa é só uma parte de tudo que nos torna felizes. O conceito de que esta única pessoa vai saciar seus desejos, necessidades e vontades ao mesmo tempo que preenche seu vazio interior é parte do problema do amor moderno. Um relacionamento, especialmente no começo, precisa de atenção e cuidado, mas isso deve ser proporcional. Assim como suas amizades, sua carreira e sua família, assim como você. Faça um esforço consciente para manter o equilíbrio. Lembre-se: não é só a outra pessoa que escolhe, mas você também. Cultive uma vida que você ame independentemente de ter ou não um parceiro. É assim que se constrói autoestima e domínio sobre a própria vida.

Muitas mulheres me mandam mensagens em pânico nas redes sociais sobre estar solteiras. Mulheres de todas as idades. Algumas têm só 27 ou 28 anos. Como se a sociedade em geral fosse descartá-las por permanecerem solteiras depois dos 30. Eu me recuso categoricamente a aceitar essa narrativa. Acho que ela é tóxica e mentirosa. Ninguém deveria se sentir inferior por estar solteiro. Essa crença só faz as pessoas se contentarem com muito menos do que merecem.

O seu estado civil deveria ser a informação *menos* interessante sobre você. A hierarquia social entre solteirões, pessoas

AUTOESTIMA E AUTODOMÍNIO

que namoram e pessoas casadas se baseia em uma época na qual o valor da mulher era associado a uma transação financeira. E a sobrevivência e o status social dela dependiam disso. Fico perplexa quando vejo que algumas pessoas ainda pensam assim. A maneira como parabenizamos mulheres por finalmente serem escolhidas é desproporcional à forma como parabenizamos os homens.

Apesar de essa notícia talvez decepcionar alguns, não vivemos no mundo de Jane Austen. Isso também diminui a autoestima dos solteiros, quando eles deveriam estar se sentindo fenomenais. Desarticular essa estrutura foi tão libertador para mim. Por sorte, minha família sempre me deu muito apoio em tudo que decidi fazer, e nunca me senti pressionada a casar e ter filhos. Mas é lógico que tenho amigos da família cuja primeira pergunta sempre é "Já se casou?". Mesmo antes de perguntarem como eu estou. Isso não me incomoda; não deveria incomodar você. É como a resposta memorável que a cantora Cher deu quando sua mãe sugeriu que ela se casasse com um homem rico. Sua resposta icônica foi: "Mãe, eu sou um homem rico."

A DESCOBERTA DO AMOR-PRÓPRIO

Foi durante meu retorno de Saturno que comecei a cultivar o amor-próprio e a colocar em prática os meus valores. Foi aí que comecei a questionar quem eu era e o que queria

O RETORNO DE SATURNO

da vida, em vez de ficar me transformando e mudando o tempo todo.

Amor-próprio não significa tomar um banho de banheira com uma taça de vinho tinto. Requer esforço e a compreensão verdadeira de todas as facetas do seu ser. Exige ausência de julgamentos. Exige bondade e paciência, e exige que se assuma total responsabilidade por si mesmo. Exige reconhecer seus gatilhos e lidar com eles. E reconhecer seu papel em todas as situações. É muito poderoso ser capaz de dizer "Olha, fiz merda" e enfrentar isso. O amor-próprio não existe apenas sob a condição de que vamos acertar em tudo o tempo todo. É ter a capacidade de ser responsável por nossas próprias ações com boa vontade, nos dando espaço para aprender com nossos erros e crescer.

Para mim, o amor-próprio foi produto de muitas lições de Saturno. Por meio de autonomia, empoderamento e disciplina. Como eu já disse e vou continuar repetindo neste livro, esses conceitos foram estranhos para mim por boa parte da vida, mas a disciplina é uma das maiores demonstrações de amor-próprio. Ser regrado com rituais diários melhora o bem-estar físico e mental com o tempo. Tenha a disciplina de manter distância de pessoas e substâncias tóxicas, programas de televisão ruins ou comida processada. Tenha disciplina para cultivar valores e segui-los. Tenha disciplina com seus limites. Tenha disciplina para dizer não. Isso é amor-próprio. Isso comunica "Eu mereço receber, e aqui está

AUTOESTIMA E AUTODOMÍNIO

o que eu não tolero". Para uma pessoa que ama agradar os outros como eu, e que tem ansiedade e medo de abandono, foi apavorante seguir por esse caminho. Mas o fato é que, quando você tenta agradar tudo mundo, acaba decepcionando a si mesmo.

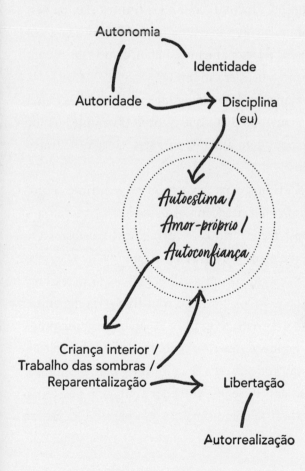

LIMITES

É fácil compreender o que são limites. Nós processamos a ideia e dizemos a palavra o tempo todo, mas comunicá-los é outra história. Como eu já disse, amor incondicional não significa tolerância incondicional. Os limites são, na verdade, um ponto de conexão e uma forma de proteger a nós mesmos e nossos relacionamentos. Então, como saber quando precisamos estabelecer um limite?

Uma das maneiras de entender que um limite precisa ser estabelecido é ouvir os sinais que o corpo transmite quando nos comunicamos com amigos, parentes, colegas de trabalho e parceiros.

Nós nos sentimos expansivos? Ou nos sentimos esgotados? A pessoa ou a situação nos passa a sensação de sermos pequenos? De estarmos encurralados? Ansiosos? Ou seguros? Escute o seu corpo. Sempre que nos depararmos com uma situação que é um gatilho, pode ser interessante praticar o exercício a seguir. Eu o utilizo para consultar minha sabedoria instintiva, para escapar um pouco dos meus pensamentos e saber quando preciso estabelecer alguma medida. Se você estiver com dificuldade de tomar uma decisão, sem conseguir entender se alguém passou do limite, use esta lista como uma bússola para lhe guiar em qualquer situação:

AUTOESTIMA E AUTODOMÍNIO

1. Vá para um lugar calmo e tranquilo.

2. Concentre-se na sua respiração.

3. Respire fundo, deixando o ar entrar pelo nariz e sair pela boca.

4. Feche os olhos e esvazie a mente.

5. Visualize a situação em questão e ofereça duas situações para o seu corpo. Na primeira, você decide aceitar o convite ou a oportunidade oferecida.

6. Talvez você sinta uma resposta ou reação instantânea. Seu corpo pode se contrair ou se expandir, se tensionar ou amolecer. Quando ele demonstrar alguma coisa, observe.

7. Segunda situação: você decide dizer "não".

8. Observe a resposta ou reação. Seja lá qual for, costuma existir uma polaridade forte entre as duas. Siga aquela que lhe trouxer calma.

9. Você deve ter encontrado uma resposta sobre a situação e sabe o que fazer.

O RETORNO DE SATURNO

Para mim, uma resposta traz uma sensação incômoda, de formigamento, desconfortável e reprimida. A outra é expansiva, com calafrios de animação. Você pode ter sensações completamente diferentes, mas elas parecerão opostas. Esse não só é um modo de consultarmos nossa intuição, mas também de saber quando impor um limite.

Se você for como eu, vai pensar: "Como posso impor um limite e deixar todo mundo feliz ao mesmo tempo?" Sinto muito informar que isso nem sempre é possível.

Certa vez, um amigo querido me deu um conselho maravilhoso sobre tomar esse tipo de decisão e impor limites. Ele disse: "Você precisa ter uma compaixão implacável."

Sempre tive problemas em não querer parecer maldosa ou chata. Compaixão implacável é uma expressão ótima, porque nos permite usar o coração, ter compaixão com os outros, mas ser implacável com aquilo que sabemos e com a nossa convicção sobre o que é certo ou errado para nós. Ela não nos torna pessoas cruéis nem ruins.

Chatear outras pessoas com a imposição de uma barreira pode parecer um gatilho. Talvez isso faça você se lembrar de quando aprendeu e foi condicionado a acreditar que não era seguro impor limites ou expor suas necessidades. Se momentos e acontecimentos específicos surgirem na memória, é hora de ter curiosidade:

AUTOESTIMA E AUTODOMÍNIO

- Escreva sobre o assunto.

- Como você se sentiu?

- Você teve uma reação emotiva? Se a resposta for sim, está tudo bem.

- Lembre a si mesmo que você não é mais aquela versão de si mesmo e não está mais na mesma situação.

- Diga a si mesmo que você pode oferecer apoio e criar espaço para sua criança interior.

- Observe o que poderia ter sido feito de outra maneira.

- Quando você quis ter falado alguma coisa, mas ficou em silêncio?

- Em que momento você cedeu e sentiu que alguém estava ultrapassando seus limites?

- Agora, da maneira que for mais confortável, como sua versão da época ou a atual, diga o que você desejava ter dito para a pessoa que precisava lhe ouvir.

- Repita mais de uma vez, se quiser.

- Reflita sobre isso por um instante.

- Agora, como você se sente?

É provável que você se sinta expandido. Os limites nos permitem viver alinhados a nossa integridade e não precisam de um resultado específico. Eles são responsabilidade sua, para estabelecer onde você termina e o outro começa. Uma pessoa pode se sentir confortável com algo que ultrapassa o limite da outra. Mas, ao comunicar isso, podemos diminuir o espaço entre as duas coisas. No processo de comunicar como nos sentimos, de viver de acordo com nossos princípios e ter confiança, podemos nos proteger. Isso exige prática constante, mas vale a pena. Porque, quanto mais você treinar, mais vai perceber que as pessoas estão respeitando os seus limites. Ao ser um exemplo, você convida os outros a fazer o mesmo.

AUTONOMIA

A autonomia é uma peça interessante do quebra-cabeça quando se trata de lidar com o retorno de Saturno, além da maneira como ela afeta e influencia relacionamentos, sejam eles pessoais ou profissionais. Por definição, autonomia é a capacidade de tomar decisões ciente dos fatos e sem influências externas. Autonomia se resume à capacidade de uma pessoa seguir seus próprios valores, virtudes e interesses. A

AUTOESTIMA E AUTODOMÍNIO

palavra deriva de *autonomos*, do grego, que significa "auto-controle" ("autos" quer dizer eu, e "monos", lei). Significa que temos noção das coisas que são importantes para nós. Ela pode ser desafiada por uma hierarquia social opressiva e pelos sistemas que nos governam, porém, ao longo do retorno de Saturno, você vai perceber um desejo pela própria autonomia. A autonomia pessoal delimita com quem e com o que nós nos alinhamos de verdade, nos oferecendo orientação. Porque, quando paramos de ceder às expectativas e necessidades dos outros, e começamos a respeitar nossos próprios princípios e virtudes, adquirimos liberdade. Liberdade para sermos nós mesmos e liberdade sobre nossas vidas.

Coletivamente, a autonomia pessoal abre espaço para um debate saudável. De muitas formas, perdemos a capacidade de sentar com amigos que têm crenças e ideias opostas às nossas. Como se o fato de alguém comunicar um ponto de vista ou perspectiva diferente invalidasse os nossos. Nesta sociedade da "cultura do cancelamento", parece não existir muita tolerância com nuances. Uma pessoa segura e autônoma, no entanto, não se sente ameaçada pelo ponto de vista do outro. Ela o valoriza. Para nos refinarmos, precisamos estar abertos a novas ideias, novas possibilidades, e então estabelecer o que parece certo para nós, não ficar proclamando nossa superioridade por aí. Quando passarmos a cultivar esses princípios dentro de nós mesmos e começarmos a segui-los, podemos nos tornar os rebeldes da família ou da sociedade.

O RETORNO DE SATURNO

Se todo mundo segue uma narrativa que não parece verdadeira para você, talvez seja necessário se tornar um pária social para defender seus valores. Mais uma vitória triste.

Quando falta autonomia em alguém, ela é mais controlada pelo que os outros pensam, falam, sentem e fazem. Ela se adapta e obedece às opiniões dos outros. A autonomia interrompe essa necessidade de aprovação e de se encaixar, e é desconfortável no começo, porque, conforme a praticamos, causamos incômodo naqueles que estavam acostumados com nossa falta de limites e autonomia, e se aproveitavam disso. Também é algo que nos permite ganhar segurança com nós mesmos, nossos valores, virtudes e crenças, de modo que passamos a não nos abalar quando as pessoas vêm e vão, concordam ou discordam. Nossos valores e crenças são apenas nossos e formam a estrutura de uma vida harmônica.

Quando se trata de relacionamentos, se você passou boa parte da vida idealizando o amor codependente (como quase sempre fazemos), é o amor autônomo, assimétrico e muitas vezes intenso que parece perigoso no começo, por causa do espaço que se abre entre as duas pessoas. Geralmente esperamos que nossos parceiros românticos deixem de lado a autonomia e se dediquem a nós. E vice-versa. Saturno me ensinou que o desenvolvimento de uma união sagrada e de uma parceria consciente exige liberdade. É preciso aceitar que a outra pessoa tem necessidades, desejos e vontades diferentes

AUTOESTIMA E AUTODOMÍNIO

dos seus, da mesma forma que você. E ninguém é responsável pela felicidade do outro.

Isso não quer dizer que não devamos demonstrar apoio, carinho ou tentar deixar o outro feliz, mas não é uma responsabilidade. A diferença é grande. E você também não é responsável por curar o outro. Sentir o peso da responsabilidade pela felicidade e cura de alguém acaba gerando ressentimento. Quando a autonomia começa a desaparecer em uma relação, sua noção de identidade vai junto. Isso pode levar ao desprezo. Da mesma forma, quanto mais cultivamos a autonomia na vida e nos relacionamentos, mais fortalecemos nossa identidade. E mais proveitosas e significativas se tornam nossas relações. Precisamos dar a nós mesmos e aos outros permissão para nos expressarmos por completo e para confiarmos no espaço entre nós.

AUTORIDADE

Durante os trânsitos e oposições de Saturno, o tema autoridade aparece repetidas vezes. Cada trânsito de Saturno traz lições sobre autoridade. Dela vem a disciplina, que já entendemos ser necessária, porém, se não aprendermos a nos autorizar, a nos dar permissão para sermos a autoridade em nossas vidas, vamos buscar isso fora de nós.

No fim dos meus turbulentos e imprudentes vinte anos, comecei a ansiar por autoridade. Algo que eu tinha rejeitado

O RETORNO DE SATURNO

e contestado por boa parte da vida. Continuei a buscá-la fora de mim, como se não tivesse me ocorrido que a autoridade poderia vir do meu interior.

Cada quadratura e oposição de Saturno que ocorre de sete em sete anos nos dá um toque sobre esse assunto. A autoridade pode ser especialmente predominante no contexto das dinâmicas familiares. Você só precisa refletir sobre o seu comportamento em relação a seus pais e professores quando tinha 14 e 21 anos para reconhecer a onda de rebeldia, questionando figuras de autoridade. Mas ainda não temos a maturidade nem o autoconhecimentos necessários nesse momento. Durante o retorno de Saturno, no entanto, podemos lidar com essa mudança de forma mais graciosa.

Assim como a quadratura de Saturno dos 14 anos, quando nos tornamos mais adultos fisicamente e passamos pela puberdade, o retorno de Saturno pode ser uma fase desconfortável do amadurecimento. É nessa fase que muitas pessoas começam a questionar a maneira como foram criadas por suas figuras parentais e os pontos em que sua educação poderia ser melhor. Talvez você sinta que teve que assumir responsabilidades antes da ter idade suficiente para isso, adotando um papel de cuidador cedo demais, tomando conta das pessoas que deviam estar fazendo isso por você. Ou talvez, como eu, você tenha fugido completamente das suas responsabilidades.

Isso pode se manifestar como um relacionamento codependente entre os responsáveis e as crianças, reforçando

AUTOESTIMA E AUTODOMÍNIO

e afirmando esses papéis, sem passar para novas etapas da vida. Como muitas pessoas terão bebês nesse período, esse tipo de coisa vem à tona para decidirmos se queremos repetir os ciclos ou fazer as coisas de um jeito diferente. Respeitar nossa voz e não replicar o que dizem as pessoas ao nosso redor. É uma oportunidade de criar novas regras em vez de continuar seguindo as dos outros.

Vale a pena analisar seu mapa para entender como isso pode se manifestar na sua vida. É um momento que nos convida a nos curar do passado, para não persistirmos nos mesmos erros estando no piloto automático e acabarmos vendo a história se repetir. Se usarmos nosso coração e tivermos compaixão pelas pessoas que nos criaram, se conseguirmos reconhecer as limitações delas geradas pela maneira como foram criadas, podemos começar um processo de cura geracional.

É difícil fugir do desejo pela aprovação dos pais. Por que você acha que o Natal é um gatilho para tanta gente? Todo mundo sabe que, independentemente de como você é tratado no trabalho, do quanto tenha crescido e prosperado ou de tudo que conquistou na vida, quando a família se reúne novamente no Natal, você sente que tem 11 anos de novo. Você busca a aprovação dos seus pais à mesa da cozinha enquanto corta o peru, se sentindo um fracasso porque eles casualmente desdenharam da sua última conquista, mais interessados na batata assada.

Como adultos, continuamos buscando a aprovação dos nossos pais, mesmo que eles não estejam mais aqui. Durante

O RETORNO DE SATURNO

o retorno de Saturno, no entanto, e conforme embarcamos em uma jornada mais espiritual, somos convidados a evoluir e a nos tornar nossa própria figura de autoridade. A melhor forma de lidar com isso é reconhecendo a diferença entre suas experiências da infância e a sua vida hoje. É ter consciência da criança interior e da pessoa que você se tornou. Entender as duas dinâmicas permite que nos afastemos o suficiente de gatilhos emocionais para saber quando nossa criança interior for incomodada. Você sente isso acontecer e reconhece o problema, mas não reage como antes. Você consegue acalmar essa criança interior e dar apoio a si mesmo. Do que ela precisa? De um abraço? De apoio? De amor? Você consegue oferecer isso a si mesmo?

No mundo espiritual, essa prática se chama "reparentalização", ou trabalho com a criança interior. O processo não exige que você pare de falar com as figuras parentais em sua vida. Nem que as ame menos. Você só deixa de precisar da aprovação delas, como uma criança precisaria. (Especialmente se isso for uma tentativa inútil.)

A forma como ouvimos e internalizamos informações não significa que a intenção inicial era que fossemos comunicadas dessa maneira. Uma história diferente pode existir sob o ponto de vista de outra pessoa, com base nas condições e limitações delas. Julia Samuels conversou comigo sobre isso na sua segunda participação no podcast. Ela me disse que, se pudéssemos "pesquisar" as histórias e a linhagem

210

AUTOESTIMA E AUTODOMÍNIO

anteriores a nós, entenderíamos melhor os comportamentos das pessoas ao nosso redor e teríamos mais compaixão.

Precisamos descontruir as estruturas da nossa realidade e abrir espaço para a de outra pessoa, de modo a chegarmos a um acordo mútuo. Então, se você puder e a situação permitir, use seu retorno de Saturno como uma oportunidade para observar de que maneira sua relação com membros da família e outros entes queridos afetou sua vida. Tenha gratidão pelos sacrifícios que eles fizeram e perdoe suas falhas, e, nos pontos em que deixaram a desejar, saiba que você mesmo pode oferecer a si mesmo a segurança e a proteção de que precisa. Você pode se libertar da história que conta para si mesmo. Uma história que pode estar roubando seu poder, ou uma crença que pesa sobre suas costas.

Ao longo do processo de libertação que ocorre durante o retorno de Saturno, descobrimos que somos, de fato, nossa própria autoridade agora. E existe um conflito necessário nesse processo. Hoje você é capaz de produzir sua própria realidade. Qualquer textura, qualquer cor, padrão, formato ou tamanho que queira atribuir a ela é criação sua. Você é o arquiteto da própria vida, então por que não torná-la extraordinária? Convide seus pais a entrar — e qualquer pessoa que quiser, aliás. Porém, se começarem a criticar o papel de parede que você escolheu, não esquente a cabeça. Ele não foi criado para os outros. Foi criado para você. E lembre que todo mundo encara a vida sob uma perspectiva individual.

O RETORNO DE SATURNO

Há infinitas realidades existindo ao mesmo tempo. Você só é responsável pela sua.

Já vi muitas pessoas passando por esse trânsito que resistem a essa oportunidade. De muitas maneiras, eu também resisti. Mas isso pode nos levar a permanecer em um estado infantil, causando uma ausência de assertividade, uma incapacidade de defender os próprios pensamentos e opiniões, e, às vezes, dificuldade em encontrar a parceria romântica consciente e igualitária que podemos estar desejando. Também pode interromper progressões de carreira.

A mensagem que você manda para o universo é "Não estou pronto para essa iniciação". Mas é óbvio que sempre vão surgir outras oportunidades para enfrentar o desafio. Não é questão de errar ou acertar; o universo não funciona assim. A lição simplesmente fica se repetindo. O universo envia sinais. Ele joga pedrinhas pelo seu caminho, tentando orientá-lo sutilmente. Se você continuar ignorando e resistindo a essas dicas, ele pode começar a jogar pedras maiores ou mesmo rochas. Podemos prestar atenção agora ou mais tarde. Mas, para evoluirmos, temos que prestar atenção.

Meu conselho é: preste atenção nas pedrinhas antes de as rochas aparecerem (bem que eu queria ter feito isso!). Tornar-se a autoridade da sua vida e, no processo, mudar a dinâmica da sua família não é um caminho fácil. O objetivo (se possível) é encontrar harmonia dentro de sua família nesse novo papel. Preste atenção à energia que você sente

AUTOESTIMA E AUTODOMÍNIO

quando se comunica ou quando falam com você de determinada maneira. Talvez você fosse a pessoa que sempre era desmerecida pelos outros ou que levava a culpa por tudo.

Lembre-se de que o processo de estabelecer novos limites para ganhar autonomia e autoridade nessa fase da vida não é simples. O primeiro passo é estabelecer limites com firmeza enquanto estiver sozinho. Não os anuncie ou os proclame aos quatro ventos por enquanto — você não está procurando reações ou respostas. O primeiro e mais importante passo é estabelecer sua situação *interior*. Você se dá espaço? Você consegue diferenciar o adulto que se tornou da sua criança interior? E onde você vai colocar aquele limite intransponível? Então, quando uma pessoa de sua família ou qualquer outra falar com você de um jeito que pareça desdenhoso ou incapacitante, você saberá se defender.

Quanto à sua autoridade nas dinâmicas e nos relacionamentos familiares, não se trata de proclamar sua nova percepção de si mesmo guiado pelo ego. Mas de manter a compreensão, a gentileza, os limites e a comunicação.

- Compreensão: compreender a experiência da outra pessoa. Ter empatia. Abrir espaço para a perspectiva dela.

- Gentileza: ela é tudo. E nunca confunda gentileza com fraqueza. As pessoas mais fortes que conheço são as mais gentis. Não importa o que você faça, seja gentil.

Mesmo diante do ódio e das adversidades, enfrente isso com gentileza — ela sempre vence.

- Limites: os limites são a base da sua autoridade e auto-domínio. Eles são diferentes de barreiras. E precisam...

- Ser comunicados. Não podemos esperar que alguém adivinhe como nos sentimos, então precisamos nos comunicar, mesmo quando isso for desconfortável.

Eu cresci em uma família de intelectuais sendo a criança criativa e disléxica. Era comum me sentir excluída. Minha mãe me colocava em aulas particulares, e nessa época ficou óbvio que eu não era uma pessoa que pensava de forma linear. De um jeito doce e orgulhoso, ela sempre me lembra de que eu tirei notas altas no teste de inteligência emocional, mas a dificuldade que eu sentia para escrever e fazer contas me fazia sentir diferente — e a escola costuma valorizar e recompensar um determinado tipo e uma determinada medida de inteligência. Passei boa parte da vida carregando comigo a crença de que não ser uma intelectual era uma limitação. Eu não queria fazer perguntas para não parecer burra. Era comum travar batalhas com tarefas simples em silêncio. Eu não queria chamar a atenção porque sentia vergonha.

Ao longo do meu retorno de Saturno, percebi que levava isso comigo para outros relacionamentos e na maneira

AUTOESTIMA E AUTODOMÍNIO

como lidava com tudo. O resultado era que eu ficava empacada. Quando não sabia a resposta, paralisava em vez de pedir ajuda. Se eu tinha vontade de questionar alguma coisa, permanecia em silêncio para não provocar uma discussão. Ironicamente, minha carreira pós-retorno de Saturno gira em torno de fazer perguntas. Também sou constantemente desafiada a dar minha opinião e a lidar com diversos conflitos. Não virei uma especialista no assunto. Mas tem ficado cada vez mais fácil.

No fim das contas, precisei reformular o modo como eu me enxergava. Precisei reformular os pontos dos quais me envergonhava e as verdades presumidas que carregava. De algum jeito, tive que transformar essas limitações em escadas para dar autoridade a mim mesma. Quando entendi que meu caminho ou minha maneira de pensar não era linear, aceitei os rabiscos e a bagunça da minha mente. Entendi que a vastidão das minhas emoções é uma força, não uma fraqueza. Porque é isso que me faz ser quem sou.

Você já sentiu que é exagerado demais, sensível demais, emocionado demais, escandaloso demais, qualquer coisa demais? Inconscientemente, podemos nos voltar para pessoas que perpetuem essa narrativa, e então passamos a acreditar nela também. É nosso viés inconsciente. Mas vou lhe contar uma coisa: não existe nada excessivo em *você*. Não esgote suas energias tentando se encaixar nos moldes das expectativas e necessidades dos outros. Caso você perceba que está dimi-

O RETORNO DE SATURNO

nuindo sua luz porque ela é brilhante demais para os olhos de outra pessoa, essa é uma oportunidade para se autorizar a se afastar de qualquer um que lhe diga que você é qualquer coisa "demais". Encontre liberdade para assumir sua completude.

Saturno quer que cultivemos nossa soberania sobre nós mesmos e nossa autoridade sobre nossas vidas, o que significa que vamos entrar em conflito com figuras de autoridade no processo. Pergunte a si mesmo: como Saturno está me guiando ou me desafiando a ser minha própria autoridade?

Minha disposição para terceirizar a minha autoridade vinha de muitos fatores, mas por trás de tudo estava o medo de ser abandonada e rejeitada caso eu estabelecesse limites. No entanto, aprendi que qualquer relacionamento, amizade ou carreira que se desfaça por causa dos meus limites não era para ser.

CURIOSIDADE SÓBRIA

Não é surpreendente que, na minha jornada com Saturno em busca de autenticidade e autodomínio, beber fosse o maior obstáculo. Por muito tempo, esse havia sido meu recurso para fugir — meu método para me transformar. As pessoas ficam com medo de perder alguma coisa se pararem de beber. Mas acredite em mim: beber me fazia perder muito mais!

Houve noites de que eu não me lembro, mas eu sei que estava andando, falando, muito animada. Eu não desligava

AUTOESTIMA E AUTODOMÍNIO

nunca. Ficava na farra até o sol nascer, sem me importar com as consequências. Isso acontecia com mais frequência durante o começo hedonista dos meus vinte anos, quando eu achava que era invencível. Durante meu retorno de Saturno, entendi que eu era apenas humana. Frágil de maneiras inesperadas, eu já tinha visto de perto a força do vício. Dava para entender que aquilo era uma possibilidade para mim no futuro, caso eu não mudasse de caminho.

Então comecei a questionar a lógica de beber. Passei a explorar meu mundo interior, entrando nos espaços sombrios e vazios que sempre preenchi com álcool. Não me arrependo de nada, e tenho histórias para contar pela vida toda. Não mudaria aqueles anos, mas a decisão de adotar um estilo de vida mais sóbrio foi a melhor que já tomei.

O meu relacionamento com a bebida e a percepção de que nós duas não éramos uma boa combinação parecia uma verdade bem inconveniente. Uma que demorei anos para admitir. Passei a fase dos vinte anos alterando as variáveis, sempre torcendo para encontrar novos resultados. Beber só nos fins de semana, tomar só três drinques por noite, beber só vinho. Beber só tequila, ou o meu favorito: champanhe. Tentei tudo que você possa imaginar.

Mas o resultado foi que, no gráfico sobre minha saúde mental ao longo da vida, ela apresentava picos dramáticos sempre que a bebida entrava em cena. Era inegável. O álcool era a poção mágica que me transformava, meu método para me tornar a

O RETORNO DE SATURNO

pessoa que eu precisava ser para me encaixar. Uma crença com que vivi por tanto tempo que me passava a falsa sensação de pertencimento. Então, quem eu seria sem ele? Ah! Pois é. Eu teria que ser eu. Seja lá quem fosse essa pessoa.

Meu comprometimento para me tornar meu eu verdadeiro se concretizou no retorno de Saturno, quando soube que tirar a máscara significaria contar mais com a sobriedade. Cortar a bebida também significava cortar minha necessidade de me transformar em outra pessoa. Um dos aspectos mais difíceis disso era a falta de uma comunidade. A percepção de que beber era natural estava entranhada demais em mim (especialmente pelo fato de ser britânica). Fosse no luto, nas vitórias ou nas perdas. Na tristeza ou nas comemorações, nós fazemos brindes. Para mim, na época, as alternativas eram entrar no AA ou ser como as outras pessoas. Parecia que eu não conseguia "beber normalmente", mas também não precisava do AA. Então, onde eu me encaixava? No fim das contas, existe todo um espectro.

Foi aí que descobri o *Sober Curious* [Curiosidade sóbria, em tradução livre] — um podcast e um termo criado por Ruby Warrington — e senti que tinha encontrado um espaço e uma linguagem que faziam sentido para mim. Curiosidade sóbria significa que você pode escolher — questionar ou mudar seus hábitos com a bebida por motivos de saúde. É menos radical, e significa que meus amigos não me olham de um jeito estranho quando acrescento vinho tinto na receita de um prato ou se

AUTOESTIMA E AUTODOMÍNIO

tomo um gole do vinho de alguém, se perguntando se vou perder o controle da minha sobriedade. A curiosidade sóbria significa que posso beber se quiser, mas na maioria das vezes eu não quero. Eu me dou a liberdade de tomar um drinque em raras ocasiões, mas também conheço e estou ciente dos riscos e consequências. Talvez eu pare com isso um dia, já que é um sinal de não conseguir abrir mão completamente dessa parte da minha identidade. Algumas pessoas acham que eu devo reprogramar toda a minha relação com o álcool. Para falar a verdade, ainda não sei bem se é o caso.

Por muito tempo, me senti insegura quando não bebia em situações sociais. Ainda me incomodo às vezes. Mas, estranhamente, há ocasiões em que me sinto mais confiante quando estou sóbria, porque o álcool esconde nossas inseguranças apenas por um breve período de tempo, cobrando a dívida com juros na manhã seguinte.

Meu primeiro conselho sobre esse assunto muito complexo é que todo mundo tem uma relação única e pessoal com a bebida, e é assim que devemos lidar com ela. Tive que encarar muitos "Por que você não bebe?" e "Para de ser chata!". Sim, é um saco. Hoje costumo seguir a abordagem do "menos é mais". Não preciso contar a história da minha vida para um desconhecido em um bar ou em um jantar. Um simples "Não bebo" já basta. Sinceramente, ninguém tem nada com isso, e eu preciso ter um bom motivo para contar minha história para alguém.

O RETORNO DE SATURNO

O álcool não passa de uma droga normalizada e socialmente aceita — e pode ser muito nociva. Então, se você está se dando conta de que beber não é o ideal para você, ótimo. Parabéns pela jornada! Sei que não é fácil. Quando você parar ou diminuir o ritmo, eu também o aconselharia a socializar o máximo possível. É fácil permanecer sóbrio quando você está de pijama em casa vendo Netflix, mas, quando vamos a lugares cheios de gatilhos e sentimos necessidade de beber... Quando se permitir ter uma nova experiência nesses ambientes sem beber, você vai ter mais facilidade de lidar com a questão e vai encontrar novas ferramentas para enfrentar essas situações no futuro.

Observe a si mesmo quando surgir a necessidade de beber. Reflita por um instante e tente pensar na sua versão de amanhã, em vez de pensar na necessidade de aliviar o desconforto que sente agora. O prazer em longo prazo, o sofrimento em curto prazo. O prazer em curto prazo, o sofrimento em longo prazo. O que você prefere?

Depois de algumas vitórias, como acordar renovado em vez de se sentir como se tivesse sido envenenado, as coisas ficam mais fáceis. E acredite em mim quando digo que ficar sóbrio não é chato. Ficar sóbrio é sexy, é ter a pele limpa, os olhos cristalinos, pensamentos afiados. Uma mente feliz. Eu dou tanta risada e me divirto tanto quanto antes. A única diferença é que as conexões são verdadeiras. Não vou fazer amizade com uma pessoa aleatória na fila do banheiro de

AUTOESTIMA E AUTODOMÍNIO

uma festa. Na verdade, talvez eu tenha menos amigos. Mas são amigos de verdade e pelos motivos certos. Que jamais me pediriam para ser outra pessoa além de quem eu sou.

Lembro que, aos 29 anos, fui de carro para o aniversário de um amigo no interior. Eu conhecia poucos convidados, então estava nervosa e tímida por ter ido sozinha. Naquela altura, eu já tinha testado muitas fases da sobriedade, mas nada dava certo — e festas grandes eram meu ponto fraco. Então eu fugia delas. A viagem durou três horas, e eu ouvi o podcast *Sober Curious* de Ruby Warrington no caminho todo. Quando as pessoas começaram a se soltar mais na festa e a ir em dupla ao banheiro para retocar a maquiagem, pensei que talvez fosse a hora de ir embora. Fiz a famosa saída à francesa, da qual tanto ouvia falar, mas nunca tinha colocado em prática.

No caminho de volta para o Airbnb em que passaria a noite, me senti um pouco solitária. Eu estava acostumada a ser a última a sair da festa, então ser a primeira foi meio esquisito. Quando cheguei lá, me dei conta de que tinha me divertido bastante. Também tive uma conversa mais profunda com a pessoa que sentou ao meu lado na mesa de jantar, em vez de ficar pensando no que eu iria beber. Quando acordei, não fui tomada pelo arrependimento e pela ansiedade. Senti orgulho, e acredito que essa foi uma das primeiras ocasiões em que pratiquei o amor-próprio. Eu tinha escolhido a mim mesma e não a minha vontade de me encaixar. E foi ma-

O RETORNO DE SATURNO

ravilhoso. Continuei construindo essas experiências, essas pequenas vitórias, e minha confiança foi aumentando.

COMO DESAPRENDER CRENÇAS LIMITANTES

Com frequência, um dos maiores obstáculos para o crescimento são nossas crenças: verdades presumidas, aprendidas por osmose ao longo da vida. Nossa incapacidade de lidar com conflitos, nosso perfeccionismo, nossa visão negativa de nós mesmos e nossa baixa autoestima são causados por crenças limitantes. Elas podem se manifestar em problemas financeiros, na autossabotagem em relacionamentos, na nossa carreira ou na vida pessoal. Durante o retorno de Saturno, somos obrigados a encarar algumas dessas crenças que nos limitam e começar a destrinchá-las.

O primeiro passo é identificá-las. Notar seus padrões de comportamento. Depois disso, veja o que eles causam. Quando você se der conta desse ciclo negativo, vai entender que, apesar de essas crenças serem uma tentativa da mente de manter você em segurança, elas são contraproducentes para o seu crescimento e desenvolvimento. Então é possível criar uma nova narrativa, um novo comportamento, um novo padrão.

Identificar a origem dessas ideias também é importante. Considere as seguintes questões:

- De onde surgiu cada crença?

AUTOESTIMA E AUTODOMÍNIO

- Pense em todas as vezes em que esses pensamentos estavam errados.

- Então substitua a crença limitante por uma nova, que se alinhe com você e lhe ofereça mais apoio.

A parte mais difícil é reconhecê-las, já que elas se tornam tão entranhadas como verdades e certezas internalizadas que nem percebemos o que está acontecendo. Nossas vias neurais querem repetir os caminhos familiares que sempre tomaram, mesmo que sejam mais dolorosos.

Repetir os mesmos padrões e erros várias e várias vezes pode ser fonte de muita ansiedade desnecessária que não está ancorada em nenhuma realidade. Por exemplo, como já mencionei muitas vezes, sempre tive muita dificuldade para lidar com conflitos. Nesses momentos, costumo adotar a estratégia de enfiar a cabeça na areia, torcendo para as coisas se resolverem em um passe de mágica na minha ausência. Como mencionei antes, Saturno está na minha Casa Três, que representa a comunicação. Então, sempre foi meu desafio e carma aprender a utilizar a palavra "não" e criar limites saudáveis. Se você também é uma pessoa que gosta de agradar os outros, sabe o desconforto e a angústia que isso causa.

Outra crença duradoura que tenho é "Não sei lidar com dinheiro". Porém, como minha querida amiga e coach Africa Brooke me lembrou: "Isso é verdade *mesmo*?" Ela me incentivou a trocar essa afirmação por "Estou aprendendo a lidar com minhas finanças e meu dinheiro".

"Trabalhar" no rastreio da origem dessas crenças é fascinante. Talvez elas venham de dinâmicas com seus irmãos ou com o resto da família, ou das suas primeiras experiências na escola. Mas desfazer o condicionamento gerado pela sociedade, pelos pais ou pela família exige muito esforço. Vai ser difícil encarar algumas das coisas que surgirem. Você pode sentir vergonha. Mas precisamos sentir as coisas para curá-las.

Quaisquer que sejam os pensamentos ou sentimentos que você internalizou a seu respeito como parte da sua identidade e que retirem o seu poder, tente usar as ferramentas a seguir para reprogramar sua mente e se desapegar deles. Isso pode ser assustador, porque não gostamos de mudanças e temos medo do que elas podem causar. No entanto, quando praticamos e reforçamos crenças novas e positivas, começamos a instaurar boas mudanças permanentes no nosso comportamento e na nossa vida. Fique à vontade para fazer anotações enquanto analisamos estes passos juntos:

Primeiro passo: Identifique suas crenças limitantes.

Seja específico quanto ao assunto analisado. Pode ser amor, relacionamentos, confiança, dinheiro e finanças. Até mesmo estilo de vida, capacidade de organização, seu corpo e saúde. Qualquer coisa!

AUTOESTIMA E AUTODOMÍNIO

Segundo passo: Dê nome à emoção.

Que emoção surge enquanto você escreve? Dê um nome a ela. Pode ser tristeza, vergonha, culpa, medo. Dedique um tempo para anotar tudo.

Terceiro passo: Tenha curiosidade... Dê nome à fonte.

Reconheça da onde essas crenças podem ter vindo. Dos seus pais? Da sua infância? Da escola? De amigos?

Quarto passo: Perdão.

Perdoe a fonte. Perdoe a pessoa que gerou essa crença, seja lá quem for. Abra seu coração. Então perdoe a si mesmo. Criticar-se por ser de um jeito ou de outro faz você permanecer em um ciclo de vergonha, empacado, repetindo os mesmos padrões. Para superar essas crenças, precisamos nos perdoar por tê-las e perdoar qualquer um que possa tê-las causado.

Quinto passo: Diga obrigado para suas crenças e para a emoção.

Pode parecer besteira, mas é importante reconhecer que essas crenças e a emoção ligadas a elas foram úteis em algum momento. Elas foram uma reação a algo na sua vida para lhe manter seguro, e, apesar de terem perdido a utilidade, podem ter ajudado em algum momento. Nós curamos nossas emoções quando as reconhecemos.

O RETORNO DE SATURNO

Agora, substitua essas crenças por uma narrativa mais positiva, mais afirmativa, que se alinhe com a pessoa que você é hoje — mas seja realista. Não passe de "Sou péssimo com dinheiro" para "Sou incrível com dinheiro". Lembre-se: vá devagar! Você pode repetir o processo daqui a dois meses e melhorar a crença.

Quando honramos esse processo, aceitamos a necessidade de tudo pelo que passamos. Mas isso não significa que precisamos carregar nossas experiências conosco. Escrever é uma ferramenta poderosa para lidar com crenças inconscientes. Tente escrever livremente, sem pensar no que está dizendo, como um fluxo de consciência. O ritual das "Páginas Matinais" do livro *O caminho do artista*, de Julia Cameron, é uma prática diária em que você escreve três páginas pela manhã antes de fazer qualquer outra coisa. Não é uma coisa pensada, não é um diário — é qualquer coisa que surgir na sua cabeça, uma destilação de pensamentos da mente subconsciente para que você deixe de se autossabotar e comece o seu dia. Se você experimentar, vai se surpreender com o que virá à tona...

AUTOESTIMA E AUTODOMÍNIO

Use este espaço para fazer anotações sobre suas crenças limitantes:

_____

_____

_____

_____

_____

_____

_____

_____

_____

_____

_____

_____

_____

_____

O RETORNO DE SATURNO

A CRISE DE UM QUARTO DE VIDA

Pouco depois de voltar para Londres, retomei contato com uma amiga dos tempos de escola. Steph era um ano mais velha do que eu, e não nos víamos fazia uns 11 anos. Nós tínhamos nos reencontrado por meio das redes sociais, e dava para ver que ela seguira um caminho espiritual, agora administrando um retiro em Málaga chamado "Quarter Life Project" (que agora se chama Medicine Space). Ela me convidou para participar de um dos retiros, mas hesitei muito, pois tinha algumas dúvidas. Nessa fase eu estava tão abalada que achava que aquilo poderia me levar ao limite.

No fim das contas, resolvi ir. Foi pouco antes do meu aniversário de 29 anos. Quando cheguei a Málaga, imediatamente me senti insegura. Nós éramos um grupo de mulheres na faixa dos trinta anos e tínhamos ido para lá porque passávamos por dificuldades. Meu ego entrou em ação, e eu só queria sair dali. Estava mexendo no celular e planejando minha fuga quando Steph veio falar comigo.

— Você está resistindo — disse ela.

E como!, pensei. *Aqui não é o meu lugar!*

— Acho que isso aqui não é pra mim — respondi, com vergonha e levemente com medo de Steph, que sempre tinha sido a "garota descolada".

Ela concordou com a cabeça e disse:

— Tenta só por hoje.

AUTOESTIMA E AUTODOMÍNIO

Não havia como discutir com essa sugestão. Então fechei o aplicativo da companhia aérea no celular e concordei em passar o dia lá.

Fomos levadas para um salão, por onde nos espalhamos Uma música começou a tocar, e fomos orientadas a dançar. Um dos meus piores pesadelos estava tomando forma. Aquilo se chamava "movimento livre", ou "dança intuitiva". Eu nunca tinha feito nada parecido, e era muito desconfortável. Geralmente, eu só chegava perto da pista de dança depois de várias doses de vodca! Fazer algo assim completamente sóbria em plena luz do dia com um grupo de desconhecidas era a minha versão do inferno.

Por mais que eu estivesse com vontade de voltar para o celular e abrir o aplicativo da companhia aérea de novo, comecei a me movimentar ao som da música. Depois de um tempo, parei de pensar e mergulhei no meu corpo — e foi nesse momento que algo mudou. É difícil dizer exatamente o que foi, mas fazia tanto tempo que eu estava desconectada do meu corpo que era como se ele e minha mente estivessem fazendo uma sessão de terapia. Os dois finalmente estavam interagindo. Todas as emoções armazenadas nele vieram à tona. Lágrimas começaram a escorrer. Enquanto eu me mexia e chorava, algo dentro de mim mudou. Não fui embora naquele dia. Continuei ali e tive uma das semanas mais transformadoras da minha vida.

O RETORNO DE SATURNO

Antes disso, eu sentia como se o universo estivesse conspirando contra mim. Eu tinha uma mentalidade muito vitimista, era incapaz de enxergar o papel que eu desempenhava nas situações. No entanto, assim que caiu a ficha de que talvez as coisas não estivessem acontecendo comigo, mas por mim, a vida foi mudando aos poucos. Desviei do obstáculo na minha mente que antes parecia o fim da estrada e continuei em frente.

A parte complicada de mudar sua mentalidade e sua relação com a responsabilidade é que toda a culpa que era projetada em outras coisas de repente passa a se voltar para você. Culpar a si mesmo é diferente de assumir a responsabilidade. Na verdade, é outra maneira de bancar a vítima. Mas você precisa ter em mente duas coisas quando faz esse tipo de trabalho. A primeira é a curiosidade, e a segunda é a ausência de julgamentos.

Se o seu melhor amigo lhe contasse que percebeu que não assumia responsabilidade pela própria vida, você não o criticaria. Você apoiaria a nova percepção dele. A vergonha não ajuda em nada. O motivo para nossa dificuldade em progredir na vida é a incapacidade de reconhecer os pontos em que precisamos melhorar ou aqueles em que fracassamos — porque nos identificamos demais com esta última parte. Preferimos manter nossas histórias limitantes e familiares a perfurar a bolha com uma verdade diferente, mesmo que isso leve a resultados melhores.

AUTOESTIMA E AUTODOMÍNIO

Durante o retorno de Saturno, você vai encarar manifestações das últimas três décadas — todas as decisões que tomou até então. Não é de admirar que essa fase seja considerada uma crise de meia-idade "antes dos trinta". Mas acredito que boa parte desse desconforto venha da vergonha que sentimos e do isolamento que criamos por causa dela.

Apesar de cada um ter experiências únicas, o fato é que todo mundo passa por desafios saturninos, e todo mundo sente vergonha. Quando ela se mistura ao todo, fica muito mais difícil seguir em frente.

Nos anos finais dos meus vinte anos, eu tinha vergonha de mim mesma. Achava que não tinha alcançado meu potencial. Eu frequentemente lutava contra meu próprio corpo e podia ser minha pior inimiga. O retorno de Saturno me obrigou a confrontar tudo e a aceitar a realidade da minha vida.

A CURA DO RELACIONAMENTO COM O CORPO

A perspectiva astrológica de Noura:

No sistema de chakras, Saturno é primariamente associado ao chakra raiz. O chakra raiz, também chamado de chakra Mūladhara, conecta-se com tudo que nos passa a sensação de segurança, acalento, saúde e estabilidade. Ele passa a sensação de mérito. Ele autorregula desejos e nos oferece uma base, mas também é selvagem, físico, feminino, sexual. Traz a sensação de segurança na expressão da sexualidade, alimenta a criatividade. Sempre que sentimos desequilíbrio em alguma dessas características, temos um desequilíbrio no chakra raiz, o que, por sua vez, pode desequilibrar a expressão de Saturno em nossas vidas.

*Nós precisamos de segurança para nos sentirmos sexuais e sensuais. Precisamos de acalento e da satisfação de nossas necessidades básicas para explorarmos nossa feminilidade e nosso corpo físico. Precisamos de uma rotina consistente e estável para alimentar nosso lado selvagem, que, por sua vez, inspira a nós mesmos e a todos ao nosso redor. Nós precisamos de tudo isso para começar a curar a nós mesmos e nossa relação com o corpo. É assim que aprendemos a amar todas as maneiras lindas como nosso corpo se expressa. Entoar o mantra "*LAM*" ou escutá-lo ajuda a limpar e curar o chakra raiz durante práticas meditativas ou criativas. Isso não só traz a cura desse chakra aos poucos como nos ativa energeticamente, para conseguirmos começar uma relação com nossos corpos que passe a sensação de proteção e liberdade ao mesmo tempo.*

***

Eu diria que meu relacionamento corpo-mente começou a ficar desarmônico lá pelos 17 ou 18 anos. Sempre fui pe-

AUTOESTIMA E AUTODOMÍNIO

quena e magra quando era mais jovem. Na verdade, sempre fui a menor da turma. O que eu detestava, é lógico, porque geralmente queremos aquilo que não temos. Como eu sonhava em ser alta e cheia de curvas... Ou ter qualquer tipo de curva.

Meus pais se divorciaram quando eu tinha 15 anos. Em termos de desenvolvimento, eu ainda estava atrás das outras meninas da escola, que usavam sutiã e tinham começado a menstruar. Os garotos olhavam para elas de um jeito diferente, enquanto eu era a amiguinha miúda em quem ninguém prestava atenção. Eu achava que, se comesse o suficiente, ficaria mais alta, curvilínea e teria seios fartos. Infelizmente, não é assim que funciona. Comecei a comer demais na esperança de que os tais seios aparecessem (não foi o caso).

Como acabei de mencionar, infelizmente isso não me trouxe seios, curvas nem altura. Em vez disso, comecei a engordar nos lugares errados. Naquela altura eu já tinha começado a associar a sensação de saciedade com amor e segurança. Talvez porque, nessa fase, minha vida estava conturbada. Como todo mundo cujos pais se divorciaram sabe, isso pode ser muito inquietante. Apesar de o divórcio ser muito comum, ele ainda pode ser traumático.

Quando fui para o colégio interno, comecei a ter dúvidas sobre minha dieta calórica. As garotas faziam dietas competitivas, e naquele tempo não havia muitas informações sobre

O RETORNO DE SATURNO

nutrição. Era menos "coma bem" e mais engula este pedaço de queijo para não desmaiar. Então, segui essa tendência e parei de comer. Em pouco tempo, perdi uma quantidade enorme de peso. Eu pulava refeições, comendo de forma muito "saudável" quando me alimentava, e fazendo exercícios toda noite após a escola. Às vezes duas vezes por dia, antes de fumar um cigarro atrás do outro e tomar Coca Diet para saciar a fome.

Isso me dava a sensação de estar no controle, o que me trazia segurança. Logo comecei a ficar magra demais, e meu comportamento esquisito com a comida chamou atenção. Minha família ficou preocupada. Eu me lembro de ir fazer wakeboard com meu irmão naquele verão e não conseguir levantar. Meus braços pareciam espaguetes me arrastando pela água, quase sem conseguir me segurar.

O ponto de virada foi quando reencontrei meu primeiro amor — aquele que conheci aos 15 anos. Tínhamos retomado nosso romance (pelo terceiro ano seguido) naquelas férias, mas, quando ele foi passar um tempo comigo na ilha de Wight, me disse que eu precisava engordar e começar a comer mais. Senti que aquilo era um aviso e fiquei com tanto medo de perdê-lo que devorei um prato de macarrão com queijo em menos de dez segundos.

Voltei ao "normal" com relação ao meu peso. Mas mentalmente, não. A desconexão continuou ao longo dos meus

AUTOESTIMA E AUTODOMÍNIO

vinte anos. Era um banquete ou nada. Devorar ou me privar. Eu estava tão distanciada do meu corpo que raramente pensava em nutri-lo. Em vez disso, sempre pensava no valor do meu corpo, que dependia dele se manter em determinado tamanho. Quando eu me privava de comida, eu me sentia no controle. Quando comia, sentia amor. É estranho quando você reconhece que a mesma voz que a chama de gorda também lhe diz para comer o bolo inteiro. Essa voz não é sua amiga, e ela não é você.

Meu peso oscilava, perpetuando esse ciclo tóxico de vergonha. E então eu não queria sair nem ver ninguém, convencida de que estava tão horrorosa que precisava me esconder do mundo. Eu desejava ser uma versão de mim que sempre parecia inalcançável. Esse foi um dos principais motivos para eu começar a terapia, pouco depois do meu aniversário de 30 anos. E, se você se identificou com tudo que acabei de contar, acho que seria uma boa ideia buscar ajuda profissional com um terapeuta, se possível. É um bom investimento para reformular essa narrativa extremamente desgastante e escrever uma história diferente.

Eu tinha me tornado tão acostumada à voz na minha cabeça que achei que ela ficaria lá para sempre. Achei que ela dominaria minha vida e mandaria para sempre em mim. Durante meu retorno de Saturno, ela foi uma das coisas que se intensificaram, mas, ao mesmo tempo, tive a oportunidade de mudá-la. Entendi que talvez eu não precisasse carregar aquela sensação comigo para sempre.

Agora, enquanto escrevo isto, estou longe de ser imune a críticas internas. Ou a pressões da sociedade para ter determinado peso ou seguir padrões inalcançáveis de beleza. Eu estaria mentindo se dissesse que essas coisas não me afetam. Mas eu diria que tenho uma relação bem melhor com meu corpo — apesar de isso ser, é óbvio, uma jornada constante e um processo em andamento.

CUIDE DO SEU ESTADO EMOCIONAL

Quando as pessoas falam sobre amor-próprio, isso geralmente parece muito superficial. Publicações em redes sociais com banhos de banheira e velas. Mas o que realmente significa amor-próprio e como ele ocorre na prática?

Todos nós temos a capacidade de falar coisas horríveis para nós mesmos, de um jeito que nunca trataríamos um amigo. Na jornada em busca do amor-próprio, acredito que nem sempre seja eficiente apenas repetir uma afirmação positiva, especialmente quando nosso crítico interior diz o oposto. Nosso crítico interior controla as crenças limitantes que listamos mais cedo. Por exemplo, quando ele diz "Você precisa emagrecer" ou "Você está feia", a crença real por trás

AUTOESTIMA E AUTODOMÍNIO

disso é "Não mereço amor incondicional nem sentir que pertenço a algum lugar". Cruel, não é?

Em primeiro lugar, precisamos descobrir nossas crenças, analisá-las e perguntar "De onde saiu isso?". É um exercício doloroso, mas também pode ser catártico. Tente escrever as coisas que você disser para si mesmo. Coloque tudo no papel e pondere atentamente sobre a narrativa, por mais difícil que seja. Talvez você queira compartilhar seus achados com alguém que lhe dê segurança. Lembre-se: você precisa trazer tudo à tona para se curar e criar espaço para algo novo.

Quando algo está preso em nossa mente, podemos negar sua existência, mas sua existência acaba se transformando em doença, ansiedade ou depressão. O corpo acaba nos mostrando aquilo que não queremos ver. Não podemos encobrir tudo com positividade — a cura nem sempre é bonita. Quando reconhecemos o problema, podemos nos sentir na merda por alguns dias, enquanto a tristeza vem à tona. Pense em todas as palavras cruéis que dissemos para nós mesmos sendo libertadas. Passe um tempo com esses sentimentos, reconhecendo-os por completo, e se desapegue deles.

Um método lindo para a próxima etapa do processo de cura é o Ho'oponopono — uma prece havaiana poderosa criada pelo terapeuta Ihaleakala Hew Len. Seguindo o bom estilo de Saturno, seus princípios se baseiam em assumir cem por cento da responsabilidade. Trata-se de nos desemaranharmos de sofrimentos ou traumas do passado e liberarmos velhas memórias e conhecimentos que parecem armadilhas. As etapas são: arrependimento, perdão, gratidão e amor. Todas as vezes que a voz negativa volta, ela acaba engolindo você e tomando conta da sua existência. Observe-a. Reconheça sua presença. Localize onde você a sente no seu corpo com mais intensidade, seja no peito, na garganta ou na barriga. Leve suas mãos até lá e repita: "Sinto muito. Me perdoe. Obrigado. Eu te amo."

A origem do problema está no fundo do eu interior. O que significa que só *você* pode curá-lo. Outra prática semelhante que recomendo muito é passar as mãos por todo o corpo, geralmente antes de ir dormir, e dizer "Eu te amo" para todas as partes. É como se você estivesse se cobrindo de amor, nos pontos em que aquelas palavras cruéis existiam antes.

Com o tempo, o amor começou a se infiltrar por todas as partes. Comecei a me enxergar com outros olhos. Parei com a obsessão pelo meu peso e passei a gostar do meu corpo. De movimentá-lo, de cuidar dele, de praticar coisas que o faziam se sentir vivo e bem cuidado. Como se ele fosse meu

AUTOESTIMA E AUTODOMÍNIO

instrumento mais valioso, e não apenas um ornamento. Comecei a praticar a alimentação intuitiva. Parei de fugir de comidas que considerava "ruins". Em vez dos pensamentos constantes sobre precisar fazer dieta e perder peso — que acabavam me fazendo comer mais —, eu digo: "Coma o que quiser agora."

É extraordinário como o corpo muda quando fazemos as pazes com ele. Pela primeira vez em anos, meu peso estabilizou e meu corpo está mais equilibrado. Não é perfeito, mas o objetivo não é esse. Há momentos em que sinto que estou voltando a antigos padrões, mas hoje tenho ferramentas para lidar com isso.

A jornada é contínua, e está longe de ser fácil. Recentemente, enquanto me recuperava de uma doença, toda minha rotina foi para o espaço. Eu mergulhei na chamada *comfort food*, ou seja, comia muitos alimentos cheios de carboidrato e sabor já que não sentia gosto de nada, também não podia sair de casa e logo notei que engordei um pouco. Assim que reparei nisso, percebi que o volume daquela voz aumentava novamente — as críticas estavam de volta...

Conversei com um amigo sobre isso, e foi difícil, porque eu me sentia vulnerável. Assim que falei as palavras em voz alta, elas perderam parte de seu poder. Entendi que aquele pensamento antigo estava lá para me controlar, só que

O RETORNO DE SATURNO

ele não era mais necessário. Fiz a prece do Ho'oponopono. Então me olhei no espelho e elogiei meu corpo com amor e gratidão. Não por seus atributos físicos segundo os padrões da sociedade, mas por sua capacidade de caminhar, respirar, se mover, me manter aquecida. De sentir. Acordei no dia seguinte e me vi de outra forma.

Anote as coisas que você deseja para o seu corpo. Pode ser: "Quero ter uma relação equilibrada e harmoniosa com o ato de comer e com a comida." Talvez elas não soem verdadeiras agora, mas espere um pouco e veja se algo muda.

Vou começar com alguns dos meus:

- "Posso comer o que quero e dar ao meu corpo tudo de que ele precisa para sobreviver."

- "Movimento meu corpo com amor, bondade e respeito."

- "Honro meu corpo e toda a sua sabedoria."

Mais importante: seja gentil consigo mesmo nos momentos em que sente que menos precisa. Pratique a prece do Ho'oponopono e veja o que se transforma dentro de você.

AUTOESTIMA E AUTODOMÍNIO

Use este espaço para listar seus desejos para seu corpo:

O RETORNO DE SATURNO

SABEDORIA NA ESCURIDÃO

Eu nunca quis reconhecer minhas questões com a minha saúde mental.

A saúde mental, assim como a saúde física, precisa de manutenção e cuidado constantes. Nem sempre ela está funcionando de modo eficiente ou funcional. Todo mundo encara a vida de um jeito diferente, e a saúde mental é estigmatizada por não ser algo visível e, sinceramente, porque assusta as pessoas. Muita gente gosta de compará-la com uma perna quebrada, mas não é bem assim. Não é o tipo de coisa que se resolve com um curativo.

Eu tinha uns 12 anos quando notei pela primeira vez que havia algo um pouco diferente em mim. Eu passava por uns períodos de melancolia, me sentindo fechada e distante. No geral, eu era uma criança feliz — por fora, para as pessoas ao meu redor, e provavelmente para minha família também —, mas esse aspecto melancólico era intuitivamente escondido. Comecei a escrever poesia quando descobri essa forma de escapismo, para transmutar meus sentimentos em outra coisa, tirando-os da cabeça. Porque, por mais tristes que alguns deles fossem, o processo de colocá-los no papel para criar algo equilibrado e lindo quando eles pareciam feios e distorcidos sempre foi meu remédio. Isso de uma maneira os transformava em uma tristeza bonita, em vez de desesperançada, transformando o sofrimento. À medida que fui

AUTOESTIMA E AUTODOMÍNIO

envelhecendo, no entanto, continuei os escondendo quando essas ondas vinham. Ninguém tinha noção das profundezas da escuridão na qual mergulhava.

Hoje é estranho descrever os primeiros estágios da minha depressão. Parece que um dedo gigantesco desce do céu e começa a me apertar, pressionando meu peito, me prendendo no chão. Ou uma nuvem carregada surge e paira sobre mim. E me faz questionar se um dia vou ver o sol de novo. Não é doloroso no começo — só é pesado. Respirar é pesado, viver é pesado. É algo que pode me manter paralisada por alguns dias. E alguns períodos são piores do que outros.

Enquanto escrevo este capítulo, acabo de me recuperar de um bem ruim. A princípio, parecia que minha cabeça estava logo acima do nível do mar. Como se meus olhos estivessem acima da água, e eu ainda conseguisse enxergar. Então, de repente, alguém me afunda. Não é uma sensação de afogamento, mas também não é de estar flutuando. Quando isso acontece, só me resta esperar. E a última durou dois ou três dias. Tento não me isolar completamente, mas é difícil, porque há muita vergonha associada a essa sensação. Meu instinto continua sendo esconder tudo do restante do mundo. Choro muito. Dói. É como se meu coração estivesse quebrando, e não tenho a menor ideia do porquê.

Então, com o tempo, a nuvem lentamente se distancia e vai embora. Não existe lógica nem motivo para sua chegada

O RETORNO DE SATURNO

nem para quando ela resolve partir, mas estou tentando entender quais são seus gatilhos (se é que existe algum). Talvez seja eu me sentir sobrecarregada. Talvez eu entre em combustão quando há muita pressão interna. Meu crítico interior provavelmente também tem culpa no cartório e está mais associado com essas crises do que imagino. Essa também não é uma questão que resolvi, mas, usando as práticas que descrevi, notei uma diferença imensa. Acho que não reconhecemos o efeito que nossos pensamentos causam sobre o corpo, sejam eles bons ou ruins.

Independentemente dos motivos por trás das minhas crises, é algo com que preciso lidar de vez em quando — por enquanto, pelo menos. Já me acostumei a tratá-las como uma visita indesejada que aparece na minha casa de repente. Aprendi que é melhor deixá-la entrar do que brigar com ela. Preparar um chá para tomarmos no quarto, sem questionar a duração da sua estadia. Às vezes ela fica quieta, mas em outras ocasiões tem coisas importantes a dizer. Antigamente eu bebia, fugindo de mim mesma só para ser mais atormentada pela sua presença intensificada.

Nesses momentos, é difícil ficar perto dos outros, porque eu me sinto outra pessoa. Ou me sinto como alguém que não quero ser.

A saúde mental existe dentro de um espectro, mas quero deixar explícito que decisões ruins e o abuso de substâncias

AUTOESTIMA E AUTODOMÍNIO

podem levar você rapidamente para lugares bem sombrios dessa escala. Já vi acontecer com amigos e familiares. E podemos estar predispostos a algumas coisas, doenças ou transtornos, mas existe algum grau de autodomínio em jogo quando se trata da mente e da saúde mental.

Naturalmente, eu não queria causar danos irreparáveis a mim mesma nem à minha mente. Mas, com 23 anos, eu sabia que isso era uma possibilidade. Eu conhecia sua fragilidade. Sabia do que ela precisava e do que não precisava. E admito que passei os cinco anos seguintes sem dar o necessário a ela, frequentemente optando pelo desnecessário. Eu ainda não tinha aceitado minha responsabilidade sobre isso.

A reação dos seus entes queridos também pode ser um desafio. É difícil ver alguém que você ama chorando imóvel, sem qualquer motivo aparente. É difícil ver a pessoa sofrendo sem que você possa fazer nada. Tenho orgulho de ser animada e efusiva em boa parte do tempo, mas não dá para ser assim o tempo todo. Às vezes você desmorona.

Nos meus mais de trinta anos de existência, compreendi duas coisas. Primeiro: a vida é sazonal. A depressão é o meu inverno, mas isso não significa que nunca mais vou ver o verão. E não vai demorar muito para eu sentir o sol. Quando vejo as folhas do outono, sigo em frente — enriquecendo a textura e a paleta da minha vida e das minhas experiências.

O RETORNO DE SATURNO

Segundo: eu posso conhecer a escuridão — posso passar um tempo com ela —, mas tudo na vida é proporcional, e sinto a luz com a mesma intensidade.

Se você estiver lendo isto e tiver experiências semelhantes ou conhecer alguém que tenha, lembre que estar com uma pessoa ao seu lado ajuda muito. Não necessariamente para conversar nem para tentar resolver o problema, mas só para estar na presença de outro ser humano, para saber que você não está sozinho. Quando alguém me permite testemunhar esse momento e se abre para mim, sei que é um privilégio — compartilhar sua vulnerabilidade com outra pessoa é o maior gesto de confiança possível. Se você não souber como se comportar ou o que dizer nessas situações, recomendo que diga o seguinte: "*Tudo* em você é bem-vindo." Isso incentiva a outra pessoa a recuperar as partes isoladas de si mesma. A saber que pode se sentir da maneira como se sente, e que não há vergonha alguma nisso.

Querida eu — um poema

Escrevi este texto para mim mesma no meu diário e quis compartilhá-lo com os leitores deste livro que possam estar passando por algo parecido. Espero que ajude. Quando me sinto assim, costumo escrever. Poemas ou um simples desabafo. Essa sempre foi minha ferramenta favorita, então talvez você se motive a fazer a mesma coisa e tente escrever uma carta para si mesmo:

AUTOESTIMA E AUTODOMÍNIO

Querida eu,

Assim como o clima, tempestades vêm e vão.

Mas as flores logo desabrocham quando chega o verão.

Sei que é difícil encontrar a luz quando você está sozinha na escuridão.

Mas você não perdeu a briga nem seu brilho diminuiu.

Esse é só um lugar tranquilo em que você se retraiu.

Por quanto tempo, e com quanta frequência, nunca sabemos bem.

Mas aqui vai um porém.

Por mais difíceis que sejam, esses sentimentos não vão durar.

Lembre-se: isso também vai passar.

Você não precisa consertar nada; não precisa fingir.

Ligue para sua mãe, para seu irmão, ou para um amigo lhe ouvir.

As pessoas querem ajudar nessa situação precária.

Então, caso esteja se sentindo solitária,

Como se a escuridão fosse lhe dominar,

Sinta-a, perca o controle, permita-se desapegar.

Você não é menor do que ninguém — não há do que se envergonhar.

Assim como as folhas de outono, se permita cair.

Chore se precisar, porque, assim como a chuva,

Essa tempestade passará,

E você florescerá.

O RETORNO DE SATURNO

Se você sentir o chamado, escreva um poema ou uma carta para seu "Querido eu" que possa lhe ajudar daqui para a frente:

AUTOESTIMA E AUTODOMÍNIO

VOLTE PARA SI MESMO

A perspectiva astrológica de Noura:

Saturno gira em torno da grande obra, do trabalho de nossas vidas, e do lento processo de descoberta. Mas e a identidade? Quando escolhemos um caminho — um caminho que pareça falar com nosso coração, que pareça calmo e produtivo, mas nunca fatalmente crítico, mesmo quando obstáculos testam nossa obstinação —, também descobrimos outra camada da nossa identidade.

Seria ingenuidade presumir que temos nossa vida completamente nos eixos quando fazemos trinta anos, mas também não seria mentira afirmar que o retorno de Saturno nos aproxima da compreensão dos desígnios da nossa alma. Com frequência, quando chegamos perto disso, começamos a questionar tudo. Em geral, isso acontece porque intuitivamente sentimos o comprometimento que será exigido de nós, e nem sempre estamos prontos para aceitar isso, não importa o quanto acharmos que evoluímos. Então seguimos com receio.

No entanto, astrologicamente, a identidade é muito associada ao Sol, e o Sol é muito associado à verdade. É óbvio, ela estava lá o tempo todo. Eram as ondas de insegurança, dúvidas, traumas passados, críticos e fantasias nebulosas que nos impediam de enxergar quem realmente somos. O que representamos e como desejamos ser lembrados, muito depois

O RETORNO DE SATURNO

de o Sol se pôr. Esse é o presente que o retorno de Saturno nos oferece depois de todo o transtorno e do trabalho que tivemos. Essa compreensão nítida de quem sempre fomos, mesmo quando não tínhamos coragem de enxergar isso.

***

Uma das minhas intenções ao escrever este livro era criar o manual da vida que eu queria ter tido durante meu retorno de Saturno. Para compreender que aquelas experiências não estavam acontecendo comigo, mas por mim. Escrever este livro foi uma experiência muito catártica e me fez confrontar muitas coisas. Tive que escavar, camada por camada, tudo que achei que precisasse ser exposto ao mundo, aceitando as partes de mim que escondi. Espero que ele possa fazer o mesmo por você e que tenha levado um pouco de calma e alívio para o caos da vida.

Em alguns momentos, tive medo de compartilhar minha verdade, por temer ser julgada ou parecer exagerada. Em muitas ocasiões, uma voz sussurrava no meu ouvido: "Todo mundo vai pensar que você é completamente desequilibrada." Lutei contra minhas inseguranças e autocríticas. Estou dizendo isso para lembrar você que não existe um momento em que subitamente nos tornamos perfeitos ou imunes a esses pensamentos e sentimentos tão humanos, não importa aonde

AUTOESTIMA E AUTODOMÍNIO

chegamos. Só podemos torcer para conseguir lidar melhor com eles para que nos ajudem, e não nos prejudiquem. Tentar falar a verdade, independentemente do resultado disso. O mundo precisa de mais verdades. E uma pequena verdade corajosa vindo de você pode não parecer algo revolucionário, mas lembre-se de que uma onda é formada por todas as suas gotas.

Nos meus momentos de dúvida, é comum receber uma mensagem de algum ouvinte do podcast, compartilhando a maneira como ele os ajudou a pensar nas suas experiências. Recentemente, recebi uma que dizia "Obrigada, Caggie. Sei que não nos conhecemos, mas sinto como se você fosse uma amiga próxima que nunca encontrei pessoalmente". E a parte mais legal é que é recíproco. Espero que este livro tenha despertado a mesma sensação em você. Apesar de não nos conhecermos, nos considero amigos fisicamente distantes.

Também espero que este livro tenha mudado a maneira como você encara Saturno. Apesar de ele também ser chamado (como mencionado no começo do livro) de "o ceifador" ou "o grande maléfico", o que não costuma gerar entusiasmo com a sua chegada. O ceifador personifica a morte, enquanto o grande maléfico traz azar e desgraças. Porém, para que o renascimento ocorra, é preciso que uma morte ocorra, de certa forma. Talvez a morte do ego. A morte de quem você achava que precisava ser. Nem todas as mortes são ruins. E depois do "azar", das desgraças e das lições cár-

O RETORNO DE SATURNO

micas vêm a boa sorte e uma percepção mais aprofundada de si mesmo. Não podemos ter uma coisa sem a outra, e, como eu disse antes, tudo na vida é buscar o equilíbrio. Então, não tenha medo das coisas que o retorno de Saturno pode trazer; anime-se com a versão de si mesmo que vai desabrochar quando tudo passar.

Hoje, com essa compreensão e reflexão, vejo que talvez não seja de Saturno que temos medo, mas de nós mesmos. Nós tememos quem seríamos se nada estivesse nos impedindo. Se nos libertássemos das falsidades, se nos livrássemos da ilusão de que autoridades e crenças externas nos controlam, tudo entraria em colapso. Mas, se Saturno nos ensinou uma coisa, é que às vezes precisamos fazer uma reavaliação atenta.

Saturno vai fazer você questionar tudo e sentir tudo de um modo completamente inédito. Mas vale a pena. Todas as experiências dolorosas e confusas valem a pena, porque elas são o caminho que vai ensinar você a ter compaixão, empatia e força. Assim como a mão que esculpe a argila, esse é o processo da sua criação.

Acredito que o retorno de Saturno possa ser o momento em que voltamos a nos apaixonar por nossas vidas e por nós mesmos. Ele nos desafia e nos recompensa. Enquanto amadurecemos com Saturno e, com sorte, nos tornamos uma versão mais autêntica e verdadeira de nós mesmos, podemos olhar para trás e perceber que talvez ele não fosse um

AUTOESTIMA E AUTODOMÍNIO

mestre tão carrasco. Visto da Terra, Saturno é um planeta espetacular e singular. Olhando de outros ângulos, vemos que seus anéis parecem uma auréola. Ela reflete a verdadeira natureza do planeta como uma fonte de força e orientação espiritual — para todos nós.

E, se Saturno me ensinou alguma coisa, é que o jeito mais rápido de chegar aonde precisamos ir é andando devagar.

Espero que esta leitura tenha ajudado você a compreender que o retorno de Saturno, no fim das contas, busca a sua verdade e a sua autenticidade, mostrando o seu potencial real. Ele pode parecer agressivo, ou até implacável em seus métodos, mas ainda bem que ele existe. Vou continuar amando esse planeta maravilhoso, porque sei que ainda tenho muitas lições para aprender.

Lembre-se: a jornada é infinita. Como poderia ser diferente? Estamos flutuando em um grão de poeira por um espaço interminável, transitando pelo cosmos ao nosso redor e pelo nosso mundo interior. Escute com atenção o diálogo entre seus mundos interno e externo, porque isso vai lhe trazer a sensação de se integrar ao universo. E todo o resto vai fazer sentido, mesmo que apenas por um breve momento.

O RETORNO DE SATURNO

Desejo boa sorte na sua jornada em busca da autenticidade. Espero que este livro tenha lhe oferecido uma nova perspectiva e uma nova compreensão. Se estiver se sentindo perdido, busque guias espirituais pelo caminho. Seria uma honra, durante esta leitura, eu ter me tornado um deles para você.

Agradecimentos

À equipe da Orion, por acreditar em mim e por confiar que eu seria capaz de escrever este livro.

A Mylène, que fez o design da linda capa da edição em inglês.

Aos meus amigos, a família que escolhi e que amo profundamente.

À comunidade do Saturn Returns, meus amigos distantes.

A todos os convidados que generosamente cederam seu tempo para participar do podcast *Saturn Returns* e compartilhar seus conselhos e experiências.

À minha família: mamãe, papai, Ian, Alexandra e meu irmão Freddie.

Ao meu companheiro, Tom, por seu apoio e por ser meu espaço mais seguro. Obrigada por me ensinar o que é o amor verdadeiro.

A Noura, obrigada por me ajudar a dar vida a este livro. Sua sabedoria e amizade foram uma luz-guia constante.

A Sydney, meu braço direito, por me manter sã durante todo o processo. Sem você, nada disso seria possível!

Este livro foi composto na tipografia Minion Pro,
em corpo 11,5/16, e impresso em
papel off-white no Sistema Cameron da
Divisão Gráfica da Distribuidora Record.